中央司法警官学院特色专业系列教材

中央司法警官学院公共法律服务研究中心组织编写

调解理论与实务

The Theory and Practice of Mediation

孟利民　齐蕴博　主编

法律出版社
LAW PRESS·CHINA
北京

图书在版编目(CIP)数据

调解理论与实务 / 孟利民，齐蕴博主编. -- 北京 :
法律出版社，2022
ISBN 978 - 7 - 5197 - 6692 - 4

Ⅰ. ①调… Ⅱ. ①孟… ②齐… Ⅲ. ①调解(诉讼法)
-中国-高等学校-教材 Ⅳ. ①D925.114

中国版本图书馆 CIP 数据核字(2022)第 069468 号

调解理论与实务
TIAOJIE LILUN YU SHIWU

孟利民　齐蕴博 主编

责任编辑 慕雪丹
装帧设计 汪奇峰

出版发行 法律出版社
编辑统筹 法商出版分社
责任校对 赵明霞
责任印制 胡晓雅
经　　销 新华书店

开本 710 毫米×1000 毫米　1/16
印张 13.25　　字数 237 千
版本 2022 年 7 月第 1 版
印次 2022 年 7 月第 1 次印刷
印刷 永清县金鑫印刷有限公司

地址:北京市丰台区莲花池西里 7 号(100073)
网址:www.lawpress.com.cn
投稿邮箱:info@lawpress.com.cn
举报盗版邮箱:jbwq@lawpress.com.cn

销售电话:010 - 83938349
客服电话:010 - 83938350
咨询电话:010 - 63939796

书号:ISBN 978 - 7 - 5197 - 6692 - 4
定价:49.00 元
凡购买本社图书，如有印装错误，我社负责退换。电话:010 - 83938349

前　　言

调解在我国具有悠久的历史与深厚的传统，其在纠纷化解、法治宣传、弘扬传统文化与道德、教育警示方面具有重要的意义。国家高度重视调解工作，2010 年 8 月，全国人大常委会通过《中华人民共和国人民调解法》，2015 年 12 月，中共中央办公厅、国务院办公厅印发《关于完善矛盾纠纷多元化解机制的意见》，2018 年 4 月，中央政法委、最高人民法院、司法部、民政部、财政部、人力资源和社会保障部发布了《关于加强人民调解员队伍建设的意见》，2020 年 12 月，最高人民法院修订《关于人民法院民事调解工作若干问题的规定》同年司法部发布《全国人民调解工作规范》等等，这些顶层设计为新时期我国调解制度的发展提供了重要的支撑，有效提升了调解在国家治理中的效能发挥。在此影响下，调解理论与实践的研究，逐渐扩展至高校法学教学中来，“调解理论与实务”也成为提升法学学生能力的重要课程之一。

本书根据教学的需求，力求全面、准确地阐述调解学的基本知识和基本原理，介绍了国内外调解制度的发展和现状，并特别注重了调解实用技能的介绍，以达到理论性与实用性的统一。本书在主体结构上分为三个层次：其一为调解的理论，包含了第一章调解概述、第二章我国调解制度的历史发展；其二为国内外调解制度的运行情况，包含了第三章诉讼调解、第四章行政调解、第五章人民调解、第六章行业性专业性调解、第七章国外调解制度；其三为调解的实务，包含第八章调解的准备、第九章调解的实施、第十章调解的方式方法与技巧、第十一章调解文书的写作与档案管理。

本教材各章撰稿人（以撰写章节为序）：

第一章：刘书正　邢　玲

第二章：孟利民

第三章、第四章：刘书正

第五章、第八章、第九章、第十章：齐蕴博

第六章、第七章:李　进
第十一章:邢　玲

本教材由孟利民教授、齐蕴博副教授任主编,并完成最后的修改定稿工作。

本教材在编写过程中,参考和借鉴了国内外有关专家、学者的研究成果和论述,在此对原作者表示深切的谢意。本书在出版过程中,得到了法律出版社的大力支持,一并致谢!

虽然力求准确是我们的编写目标,但由于调解制度也在不断创新发展,对调解研究也一直在路上。加之时间仓促、学术水平有限,书中难免疏漏。敬请各位专家与同仁批评指正。

编　者
2022 年 5 月 16 日

目录
Contents

第一章 调 解 概 述

第一节 纠纷与纠纷处理方式

一、纠纷

(一)纠纷概述

纠纷是人类社会生活中自然产生的一种社会现象,也是社会成员进行交往时必然遇到的、不可避免的社会问题。有人的地方就会有纠纷,纠纷随着人类社会的产生而产生,随着人类社会的发展而改变。人类社会生活中,纠纷的存在是客观的,也是无法消灭的。

纠纷之所以产生,在于人与人之间存在利益冲突。无论是马克思主义还是西方经济学,都揭示出利益关系是本质性的社会关系。马克思深刻地指出:"人们奋斗所争取的一切,都同他们的利益有关。"经济活动是人类其他社会活动的基础,社会成员从事经济活动的最终目标是实现自身利益的最大化。人类社会生活中形成的所有社会关系,最终都反映为社会成员之间的经济关系、利益关系。由于外部资源的稀缺性和社会成员对自身利益最大化的追求存在矛盾,所以社会成员之间的利益必然会存在此消彼长的关系,在此基础上形成的社会利益关系必然存在对立性。在对立各方的利益无法都获得满足时,必然会发生争夺、冲突。这种利益上的对立、争夺与冲突会在不同的社会领域中转变为、表现为形形色色的纠纷。

有学者将纠纷定义为"特定主体间基于利益冲突而产生的一种双边或者多边的对抗行为"。[①] 该定义既揭示出纠纷产生的利益冲突根源,又对纠纷本身的具体表现进行了较为准确的描述。

对于社会而言,纠纷具有两面性。其消极的一面较为突出,纠纷的制造者对社会秩序、伦理道德、安静生活进行了挑战和破坏,被卷入纠纷的当事人为消除纠纷

---

① 范愉、李浩:《纠纷解决——理论、制度与技能》,清华大学出版社 2010 年版,第 11 页。

往往要耗费时间、精力、感情、金钱等,甚至可能遭受精神痛苦、人身损害。但纠纷也有其积极的一面,纠纷的产生和解决以一种特殊的方式生动地、引人注意地彰显了特定社会的法律规范、价值尺度、伦理道德标准,作为一种特殊的驱动力还会革除现行社会秩序的僵化、过时之处,促进社会的发展和进步。

(二)纠纷的类型

纠纷产生的社会根源虽然一致,但表现形式却无限丰富。从不同角度出发,其可以划分为不同的类别:暴力的纠纷和非暴力的纠纷,显性的纠纷和隐性的纠纷,冲突激烈的纠纷和相对缓和的纠纷,等等。就纠纷发生的领域而言,又可以分为政治领域的纠纷、民族领域的纠纷、国际领域的纠纷、宗教领域的纠纷、经济领域的纠纷,等等。从纠纷发生的原因来看,既有直接因为经济利益发生的纠纷,也有因为信念、价值观不同发生的纠纷,还有因为捍卫主权、名誉等发生的纠纷,等等。

与上述广义上的纠纷不同,本书所称的"纠纷"系狭义的概念,仅为其中一种,即民事纠纷。《民法典》总则编第 2 条规定:"民法调整平等主体的自然人、法人和非法人组织之间的人身关系和财产关系。"据此,民事纠纷是指自然人、法人、非法人组织等平等的民事主体之间发生的人身关系和财产关系领域的纠纷。

需要指出的是,相关规范性文件中也使用了"民间纠纷"的概念。司法部《人民调解工作若干规定》第 20 条规定:"人民调解委员会调解的民间纠纷,包括发生在公民与公民之间、公民与法人和其他社会组织之间涉及民事权利义务争议的各种纠纷。"对于"民间纠纷"的性质,可以从以下几个方面进行理解。

1. 民间纠纷具有民间性

民间纠纷发生在平等的自然人、法人或非法人组织等民事主体之间,这些主体的身份具有民间性。民间是和官方相对而言的。"官方"意味着至少一方当事人是能够行使公权力的行政机关或者法律、法规授权的组织,"民间"则意味着发生纠纷的主体之间法律地位是平等的。基于平等的法律地位,它们之间发生的民间纠纷,都可以通过平等协商的方式予以解决。《民法典》中规定的自然人(也包括个体工商户、农村承包经营户)、法人(包括营利性法人、非营利性法人、特别法人)、非法人组织(包括个人、独资企业、合伙企业、不具有法人资格的专业服务机构等)等都属于民间纠纷的主体。

2. 民间纠纷主要是民事纠纷

民间纠纷主要是发生在平等的民事主体之间的人身关系和财产关系领域的民事纠纷;除此之外,民间纠纷还包括因为轻微行政违法、刑事违法行为和违反社会公德而引起的纠纷。轻微行政违法行为、轻微刑事违法行为虽然构成了可以进行行政处罚甚至是刑事惩罚的行为，但由于情节轻微、情况特殊，所以法律允许对其进行调解等特殊处理，这无疑更有利于问题的合理、便捷解决。但是，对于该类案件的调处仅限于民事权利义务部分，对于行政责任、刑事责任的认定必须严格依法进行。违反社会公德而引起的纠纷虽然仅仅是违反了道德，并没有触犯法律，但往往影响很大，社会反响强烈，如不及时处理，很可能激化矛盾，造成危害社会秩序的不良后果，所以也应该纳入民间纠纷的范畴。

3. 民间纠纷属于非对抗性的人民内部矛盾

无论是一般民事纠纷，还是因为轻微行政违法、轻微刑事违法而引发的纠纷，抑或因为违反社会公德引发的纠纷，这些民间纠纷都是发生于人民内部的非对抗性矛盾，当事人之间不存在你死我活的敌我矛盾关系。“量体裁衣，看菜吃饭”，“对象决定方法”，纠纷性质的非对抗性决定了纠纷化解方法的非激烈性。当事人完全可以通过相对温和、自愿、合理的途径与方法来解决纠纷，在各自的合法利益之间实现平衡。

在实践中，常见多发的民间纠纷有：物权纠纷（其中相邻关系纠纷最为普遍）、合同纠纷、婚姻家庭纠纷、继承纠纷、侵权损害赔偿纠纷（其中医疗纠纷、交通事故纠纷较为突出）、劳动（劳务）纠纷、商事纠纷等。

二、纠纷处理方式

（一）概述

人类社会中有纠纷发生，就需要社会成员和管理机构发挥主观能动性，对纠纷进行处理，建立解决纠纷的机制，克服纠纷的负面、消极作用，稳定社会秩序，维护社会的和谐与安宁，避免社会陷入无穷无尽的争夺与消耗之中。

纵观人类社会发展历史，纠纷处理方式不一而足，各式各样，因时代、国家、民族、地域、文化等不同而各异，既有野蛮的、暴力的、神秘的，也有文明的、规范的、理性的。总的来说，人类社会日趋文明，纠纷处理方式也越加规范、理性，过程日益科学，结果更加合理。

（二）类型划分

纠纷既然存在不同的类型，纠纷的处理方式、解决模式自然不止一种。“这好比是修路，除了高速公路外，还要有普通公路甚至羊肠小道，至于路修好后走哪一条道方便合适，应当交给老百姓自己决定，国家的义务，是修好这些道后并保证它们的畅通无阻。”①

当代社会中，纠纷处理方式主要有以下四种：

1. 谈判(和解)

谈判，也称和解，是指纠纷当事人就他们之间争议的事项，自行通过交流、说理、协商等方式，对争议事项的解决达成一致意见和具体方案，消除纠纷的方式。谈判还包括协商、交涉的含义。谈判是纠纷当事人最经常使用的方式，人们往往在不知不觉中就自然地以这种方式解决了他们之间的纠纷。以谈判的方式自行解决纠纷，通常不需要借助第三方的力量。但是，不需要借助第三方的力量并不是绝对的，如果第三方虽然介入了谈判过程，但仅仅起到了辅助作用，对于纠纷的解决产生不了重要影响，此种纠纷处理方式仍然不失谈判(和解)的属性。

与其他纠纷处理方式相较而言，谈判的特征有：以解决争议为目的，非以追求公平、公正为宗旨；结果仅有道德上的拘束力，没有其他强制力；是成本最低廉的纠纷解决方式，往往是当事人解决纠纷的首选方式；是最灵活的纠纷解决方式，谈判的条件、依据、解决方案可以是各种各样的。

2. 调解

调解，是指通过第三方的斡旋、调停、劝说等，促使纠纷当事人之间达成协议、消除争议的制度。调解在我国的法律规定中分为诉讼外调解和诉讼调解(法院调解)。

(1)诉讼外调解

诉讼外调解，是指民事纠纷的当事人在第三方的主持下，就争议的问题进行协商并达成协议的制度。诉讼外调解主要是指民间调解(在我国主要表现为人民调解)，但也包括其他种类的调解，如消费者协会、劳动争议仲裁机构以及律师对纠纷的调解等。诉讼外调解的特点在于民事纠纷的当事人在协商解决纠纷的过程中有第三方介入，是由第三方进行劝导和“说和”。

(2)诉讼调解(法院调解)

诉讼调解(法院调解)，是指人民法院作为第三方，利用国家的公权力(审判权)对纠纷进行的调解，即国家以调解的方式介入纠纷。这种调解的结果带有强制性。

3. 仲裁

仲裁，是指双方当事人经协商，自愿将纠纷交付非司法机构的第三方审理并作出有拘束力的裁决，不履行裁决义务者可被申请法院强制执行的解决争议的制度。

---

① 景汉朝：《以科学发展观为指导，建立健全多元纠纷解决机制》，转引自黄鸣鹤：《调解员培训简明教程》(增订3版)，中国法制出版社2014年版，第3页。

仲裁主要适用于民商事领域的纠纷。仲裁机构是按照有关国际条约或国家法律规定设立的，解决民商事争议（合同纠纷和其他财产权益纠纷）的民间机构。仲裁机构作出的仲裁裁决可以申请法院强制执行，故仲裁具有准司法性。

仲裁的特征主要有：当事人对于是否通过仲裁处理纠纷、具体的仲裁机构、仲裁庭的构成等事项有较为广泛的选择自由；仲裁裁决可以申请法院强制执行；仲裁规则、仲裁依据、仲裁庭的构成有一定的灵活性；仲裁一裁终局，费用相对经济。

4. 诉讼

诉讼，是指纠纷当事人通过行使诉权向人民法院提起诉讼，人民法院通过行使审判权对纠纷审理裁判的活动。根据司法最终解决原则，当事人之间的民事纠纷最终可以通过诉诸法院来解决。法院的裁判为最终裁判，当事人不可再寻求其他任何社会救济方式。诉讼的性质为司法性，法院裁判的结果具有强制力，非经法定程序不得变更，当事人必须遵守。

诉讼的特征主要有：具有较多的强制性色彩；应当严格遵守程序性规定；裁判只能以法律作为依据；只能由法院这一代表国家行使司法裁判权的司法机关主持进行。

需要指出的是，民间纠纷的形成和发展，既有共同属性，也有特殊原因；原因不同，处理的方式自然也应随机应变，具有个案针对性、适应性。另外，在处理特定纠纷的过程中，上述纠纷解决机制不一定单独适用，可以合并使用、综合运用，形成“混合模式”。例如，在诉讼程序进行的同时，当事人完全可以通过谈判达成和解，人民调解组织也可以进行调解。

第二节 调解的概念和分类

一、调解的概念

（一）调解的定义

根据《说文解字》释义，“调”是由“言”和“周”组合而成，其含义为用语言去周旋。显然，从字面意思就可以看出，“调解”即用语言艺术去做周旋，排除矛盾，化解纷争，解决问题，保留和谐因素。

对于调解的概念，不同学者的见解不尽相同，定义方式也存在一定的差异，但在根本内涵上争议不大。《中国大百科全书·法学》将“调解”解释为：“双方或多方当事人之间发生民事权益纠纷，由当事人申请，或者人民法院、法庭、群众组织认为有和好的可能时，为了减少讼累，经法庭或者群众调解组织从中排解疏导、说服教育，使当事人互相谅解，争端得以解决，是谓调解。”①

一般而言，调解是指以国家法律、法规、规章、政策、社会公德为依据，在第三方的主持下，对发生纠纷的当事人进行斡旋、劝说，促使他们互相谅解，进行协商，自愿达成协议，消除纠纷的法律制度和相应活动。

（二）调解的内涵

1. 调解是通过第三方促成当事人和解以解决纠纷

“和解”本身也是纠纷的解决方式之一。作为一种结果，当事人之间的和解既可以由当事人自行达成，也可以由第三方促成。前者称为“和解”，后者称为“调解”。二者是不同的纠纷处理方式、争端解决机制，有着各自的内涵。调解中的和解仅仅是一种在第三方作用下促成的后果，不具有独立的制度含义；“和解”中的和解完全是当事人自主交涉、谈判的结果，具有独立的制度含义。

2. 调解是通过多种温和手段促成当事人和解以解决纠纷

纠纷的解决方式有强制性和非强制性之分。强制性的纠纷解决方式与暴力、威胁、第三方裁决等手段相关联。例如，一方当事人通过暴力、威胁手段，迫使对方当事人屈服而解决纠纷；司法机关基于法律规定进行审理、判决和执行；仲裁机构基于法律规定、商业习惯对纠纷予以裁决处理。这些纠纷解决方式或多或少都有强制性色彩。非强制性的纠纷解决方式则与斡旋、协商、劝说、教育等手段相关联，这些手段都是温和的，不具有暴力性、威胁性，也不具有第三方的独断性，这些手段运用的目的，也是促使发生纠纷的当事人在自愿协商的基础上达成合意，形成各方都能够接受的方案，最终解决纠纷。

3. 调解是通过当事人基于自愿达成合意以解决纠纷

调解过程中，各种手段必须具备温和性，不能构成对当事人意志的强制；在调解结果的达成上，同样需要尊重当事人的自由意愿。在某些特殊情形中，调解程序的启动可能基于法律的特殊的规定由法院等调解机构依职权主动进行，但无论如何，在合理分配实体权利义务以达成合意的问题上，必须尊重各方当事人的自主意愿。在法治背景下，尤其是对于发生纠纷的民事法律关系有实体法予以调整的前提下，调解协议的达成必然涉及相关法律规定的理解和适用。此时，只要不违反法律中的强制性规定，不违背公序良俗，调解协议中的内容都应当由各方当事人平等

---

① 中国大百科总编辑委员会编：《中国大百科全书·法学》，中国大百科全书出版社 1984 年版，第589 页。

协商、自主选择，不能取决于调解人员的意志。

（三）调解的意义

调解被誉为“东方经验”“东方之花”，是我国自古以来解决纠纷的传统做法。中国人自古厌讼，如孔子说：“听讼，吾犹人也，必也使无讼乎。”在孔子眼中，无讼是一种在崇尚自然、情理、自治基础之上形成的社会可持续发展理念。调解正体现了传统儒家文化追求自然秩序和谐的理想。抗日战争时期，陕甘宁边区政府创造性地建立了“民事调解”和“刑事和解”制度。我国1982年3月8日颁布的《民事诉讼法（试行）》，1991年4月9日颁布的《民事诉讼法》，2007年10月28日第一次修正的《民事诉讼法》，2012年8月31日第二次修正的《民事诉讼法》，2017年6月27日第三次修正的《民事诉讼法》以及2021年12月24日第四次修正的《民事诉讼法》都有明确的条款，要求发挥调解在审判中的积极作用。在现代社会，中国人“以和为贵”的思想依然发挥着重要的作用。“和”是调解的出发点，也是调解的目标和归宿，大到国家之间，小到邻里之间，调解均是一项重要的解决纠纷方式。

20世纪后期，在美国、英国、澳大利亚、德国、法国、意大利等国家，由于诉讼案件激增，法院案件审理周期漫长，当事人主义的奉行导致诉讼进程迟延，为了加快案件审结速度，及时解决纠纷，各国都在进行自己的民事诉讼改革，改革的方向之一就是鼓励诉讼当事人和解。诉讼和解，外国与中国不同的是审判法官不得进行，而是委托非审判法官或者附设在法院的调解机构或法院外的调解机构进行调解，以调解的方式促使诉讼当事人达成和解协议，实现诉讼和解。因此，在这些国家适用调解机制解决纠纷所占的比例越来越大。同时替代性纠纷解决方式（Alternative Dispute Resolution，ADR）在许多国家兴起并迅速发展，调解作为ADR的方式之一，随着ADR的发展而日益发展。

二、调解的分类

调解是一个具有总括性的概念和法律制度，其内部还可以进行进一步的类型划分。根据不同的标准、从不同的角度出发进行划分，调解主要可以进行如下分类：

（一）以调解的不同主体为标准，调解可以分为人民调解、行政调解、社会调解、仲裁调解、法院调解（司法调解）

人民调解，是指根据我国《人民调解委员会组织条例》设置的人民调解委员会，对当事人之间发生的民事纠纷和轻微的刑事纠纷，通过说服、教育、劝导的方式，使当事人在自愿的基础上达成协议解决纠纷的制度。

行政调解，是指国家行政机关根据规定的职责，对当事人之间的民事纠纷、经济纠纷及轻微的刑事纠纷,通过说服、教育、劝导的方式,使当事人在自愿的基础上达成协议解决争议的制度。

社会调解,是指各种组织、企事业单位及各种团体,对当事人之间的民事纠纷、经济纠纷,通过说服、教育、劝导的方式,使当事人在自愿的基础上达成协议解决纠纷的制度。

仲裁调解,是指我国的仲裁机构,在审理仲裁案件的过程中,对当事人之间的争议,通过说服、教育、劝导的方式,使当事人在自愿的基础上相互协商,达成协议,以解决争议的制度。

法院调解,是指在诉讼过程中,在法院的主持下,双方当事人就他们之间的争议互谅互让,相互协商达成协议的行为以及达成协议解决争议的制度。

(二)以调解是否在诉讼程序进行中为标准,调解可以分为诉讼调解与非诉讼调解

诉讼调解,在我国即法院调解,是指在诉讼过程中,在法院的主持下,当事人之间相互协商、互谅互让达成协议的诉讼活动或者达成协议解决争议的制度。

非诉讼调解,是指纠纷当事人将他们之间的纠纷交给调解组织或个人调解人,请调解组织或者调解人协助他们达成调解协议解决争议的制度。非诉讼调解与诉讼无关,往往是当事人在提起诉讼之前寻求的纠纷解决之道。

(三)以调解是否独立存在为标准,调解可以分为独立性的调解和非独立的调解

独立性的调解,是指调解机构独立存在,职能单一。如中国国际商会系统的各个调解中心,都是独立的调解机构,所从事的调解工作,也都具有自己独立的程序。

非独立性的调解,是指不能独立存在,需要与其他方式结合运用。如诉讼程序中的调解,仲裁程序中的调解。

(四)以调解的方式是临时性还是长期性、机构性为标准,调解可以分为临时调解和机构调解

临时调解,完全是当事人自己设计的一种调解方式,不受任何规则的限制,方式灵活机动。当事人可以自行选择调解员或调解人,选择调解规则,这个规则既可以是现成的某一调解机构的规则,也可以是当事人之间临时约定的一个规则。这种临时性的调解方式,常常被三资企业和工程承包合同的当事人所采用,当这类企业的内部出现争议时,合作各方常常会邀请当地政府的有关部门或人物出面调解。

机构调解,是指专门从事调解工作的、独立的调解机构,有自己的组织机构、调

解员、调解规则等。如中国国际商会系统的调解中心，北京—汉堡调解中心，等等。

(五)以调解是在提起诉讼程序之前还是在诉讼开始之后为标准，调解可以分为诉前调解与诉讼调解

这两种调解都是在法院的调解。近几年，作为司法改革的成果，有些国家的民事诉讼法规定，当事人在提起诉讼之前，可以向法院的调解组织请求调解；甚至有些国家把当事人的起诉视为先行调解的申请，先行进入调解程序。这种在诉讼之前请求法院的调解组织，协助纠纷当事人以协商、合意的方式解决争议的制度称为诉前调解。

诉讼调解，即我国民事诉讼法规定的，由审理案件的法官对当事人的争议进行调解，使当事人互让互谅、达成协议解决纠纷的制度。

第三节 调解的特征

一、第三方介入纠纷的解决

与和解(谈判)仅由争议双方自行协商，通常不需要第三方介入不同，调解中，第三方介入了纠纷的解决。这一点是两种制度的根本区别所在。但是，这种第三方介入与仲裁、诉讼的第三方的介入不同，调解的第三方介入是协助当事人之间达成解决争议的协议，而仲裁和诉讼的第三方介入是为了给纠纷作出具有强制性的裁决、裁判。

二、实体与程序上具有自愿性

调解的显著特征是当事人的自愿性，其主要体现为实体法方面，即当事人最终是否达成协议，完全取决于他们自身。调解组织或调解人只能做劝说、说服、协调等工作，可以提出协议方案供当事人参考，但不得替当事人作出决定，更无强制裁判权。

在程序方面，通常也必须是自愿的；但是，在法律规定的有些情况下，法院有强制启动调解的权力。

例如，在日本、德国、澳大利亚等国家，根据其现行民事诉讼法的规定，法院在诉讼的进程中，认为案件有调解的可能的，有权中止诉讼程序的进行，将案件交付调解组织调解，以期当事人经过调解后达成诉讼和解协议结束诉讼程序。在日本，根据其《民事调停法》，应当在诉讼前先行调解的案件，当事人未申请调解直接起诉

的，法院有权将其起诉视为调解申请，交付调解。

在我国，也有程序上"先行调解"的法律规定。例如，《民法典》第1079条规定："夫妻一方要求离婚的，可以由有关组织进行调解或者直接向人民法院提起离婚诉讼。人民法院审理离婚案件，应当进行调解；如果感情确已破裂，调解无效的，应当准予离婚。有下列情形之一，调解无效的，应当准予离婚：（一）重婚或者与他人同居；（二）实施家庭暴力或者虐待、遗弃家庭成员；（三）有赌博、吸毒等恶习屡教不改；（四）因感情不和分居满二年；（五）其他导致夫妻感情破裂的情形。一方被宣告失踪，另一方提起离婚诉讼的，应当准予离婚。经人民法院判决不准离婚后，双方又分居满一年，一方再次提起离婚诉讼的，应当准予离婚。"再如，《最高人民法院关于适用简易程序审理民事案件的若干规定》第14条规定："下列民事案件，人民法院在开庭审理时应当先行调解：（一）婚姻家庭纠纷和继承纠纷；（二）劳务合同纠纷；（三）交通事故和工伤事故引起的权利义务关系较为明确的损害赔偿纠纷；（四）宅基地和相邻关系纠纷；（五）合伙合同纠纷；（六）诉讼标的额较小的纠纷。但是根据案件的性质和当事人的实际情况不能调解或者显然没有调解必要的除外。"

三、法律适用具有灵活性

调解是最灵活的纠纷解决方式之一。与和解（谈判）相同，调解的依据可以是法律规范，可以是道德规范，可以是人情常理，等等。纠纷的解决不必拘泥于法律规范、道德规范，双方当事人可以根据各自的利益及各自的实际情况，灵活决定他们解决问题的方案。

四、程序具有便捷性

与诉讼和仲裁不同，调解没有程序规范的约束，没有程序期间的等待，没有上诉救济的拖延，若能够达成协议，纠纷便得以解决；如若达不成协议，当事人则另外寻找其他救济途径。以调解的方式解决纠纷，通常比仲裁、诉讼程序耗费的时间少，相对比较快捷。程序快捷，对当事人而言就意味着所支出的成本低，即使调解不成，当事人为此付出的代价也不大。这种特征是当事人选择调解方式的主要缘由之一。

例如，厦门市海沧区道路交通事故调处中心成立之后，法院审判管理办公室对两个不同阶段的交通事故人身损害赔偿案件进行数据采样对比，统计的结果表明：在调处中心成立之前，交通事故人身损害赔偿案件的一审审理周期为78天；而调处中心成立之后，当事人在调解员主持下促成调解后申请司法确认的案件中，调解周期为7天，部分案件在事故责任认定书作出后的次日即促成调解，当事人的时间、成本得到了很大的节省。①

五、成本具有低廉性

调解是一种成本较为低廉的纠纷解决机制，不必缴纳诉讼费或仲裁费，往往也无须请律师之类的法律专业人员代理，因而常常无律师费的支出。即使有些专门从事调解事务的组织提供有偿调解，收取调解费用，但是这种费用不仅低廉，而且收费名目简单，当事人不会付出多少成本。在外国，调解组织有营利的，也有非营利的。在我国，中国国际商会调解中心可以说属于营利性的机构，其他调解组织多是非营利性的组织，但是其收费比仲裁和诉讼低廉。成本低廉是当事人选择这种争议解决机制的重要原因之一。

六、调解具有私密性

私密性是调解的固有属性之一。与诉讼程序的公开性相比，调解的保密性满足了一些当事人不愿意将私人事务和信息公之于众的私密性需求，从而有效地避免了因公开审判将个人隐私、商业秘密外扬而可能陷入的窘境和受到的伤害。

七、调解协议具有自愿履行性

调解协议的履行不具有强制力。与和解（谈判）相同，调解协议的履行依靠当事人的自觉行为，通常一方当事人违反调解协议的，另一方当事人无法申请法院强制执行。

为了解决这个问题，各国的法律专家们创造了若干的制度，间接地给予调解协议一定效力保障。例如，在英国，调解机构或私人调解员在给当事人调解前，先要求他们签署同意进行调解的调解协议（agreements of mediate），格式化的调解协议中有一条规定协议生效后，一方当事人若不履行，另一方当事人可以向法院申请强制执行的条款，当事人可以选择决定接受还是保留该条款。

在我国，纠纷经人民调解委员会调解后，一方当事人无故反悔的，另一方可以违反合同为由诉至法院。在我国国际商会调解中心调解解决争议的，为了解决调解协议的效力问题，调解中心或调解员可以征得当事人的双方同意，由当事人请求中国国际商会仲裁院（也称中国国际经济贸易仲裁委员会）将他们的调解书制作成仲裁裁决书，以取得强制执行的效力。

---

① 黄鸣鹤：《调解员培训简明教程》（增订3版），中国法制出版社2014年版，第5页。

八、调解具有有利于修复纠纷各方关系的非对抗性

调解有利于维护或修复争议双方的关系。对基于相邻关系、劳资关系、商贸关系等发生的纠纷而言，既要解决当事人之间的争议，又有必要维护或修复当事人之间的相邻关系、雇佣关系、商业关系，并恢复以往的安定和谐状态，继续为邻或继续交往。调解是当事人从对抗走向合作的过程，与诉讼和仲裁相比，当事人不会始终处于对抗状态中，故以调解的方式解决纠纷的过程往往也是当事人握手言和的过程。

九、解决纠纷具有整体性

调解采用的是“整体性思维”，即将当事人纠纷的解决置于经济、法律、道德、习惯、心理、社会等多维视野之中，在对纠纷的性质、发生的原因、矛盾的程度、所关涉的其他社会关系、事实查明的状况等予以整体考察的基础之上，在不违背法律规定的前提下，针对纠纷解决的具体需要寻求妥善的解决方案，并通过适当的技巧和方式，促成当事人在权利义务关系的处理上达成自愿的合意。法院、行政机关、仲裁机构的裁决是将当事人争议的民事权利义务关系从纠纷所涉及的整体性社会事实及其所关涉的其他社会连带关系中抽离出来，置于既定的规范视野之下，以规范所设定的标准和方式进行检视，以寻求纠纷的解决。①

第四节　调解的基本原则

在现代汉语中，“原则”指的是“说话或行事所依据的法则或标准”。②《布莱克法律词典》中，“原则”一词有如下含义：“（1）法律的诸多规则或者学说的根本的真理，是法律的其他规则或学说的基础或来源；（2）确定的行为规则、程序或法律判决明晰的原理或前提，除非有更明晰的前提，不能对之证明或反驳，它们构成一个整体或整体的构成部分的实质，从属于一门学科的理论部分。”③

---

① 张立平：《为什么调解优先——以纠纷解决的思维模式为视角》，载《法商研究》2014 年第 4 期。

② 中国社会科学院语言研究所词典编辑室编：《现代汉语词典》，商务印书馆 2005 年版，第 1676 页。

③ 《布莱克法律词典》“原则”词条，西方出版公司 1979 年版，第 1074 页。转引自黄鸣鹤：《调解员培训简明教程》（增订 3 版），中国法制出版社 2014 年版，第 29 页。

调解的基本原则,指的是调解制度所蕴含的内在法律精神和事物运行遵循的基本规律,是制度设计过程和法律实施过程中必须遵守的规范。

在人民调解、法院调解、行政调解等不同的调解类型中,由于在调解员选派、调解依据和调解协议的效力等方面存在差异,因而有各自的具体原则。但也必须看到,不同的调解类型中都具有当事人自由、自愿处分自身合法权益等共同之处,所以不同的调解类型也需要遵循共同的准则,此种准则构成了调解的基本原则。

对于调解基本原则的构成,学理上和实践中不尽一致。一般认为,我国调解制度包含以下几项基本原则。

一、自愿、平等原则

《民事诉讼法》第 96 条规定:"人民法院审理民事案件,根据当事人自愿的原则,在事实清楚的基础上,分清是非,进行调解。"第 99 条规定:"调解达成协议,必须双方自愿,不得强迫……"《人民调解法》第 3 条规定:"人民调解委员会调解民间纠纷,应当遵循下列原则:(一)在当事人自愿、平等的基础上进行调解;(二)不违背法律、法规和国家政策;(三)尊重当事人的权利,不得因调解而阻止当事人依法通过仲裁、行政、司法等途径维护自己的权利。"第 23 条规定:"当事人在人民调解活动中享有下列权利:(一)选择或者接受人民调解员;(二)接受调解、拒绝调解或者要求终止调解;(三)要求调解公开进行或者不公开进行;(四)自主表达意愿、自愿达成调解协议。"由此可见,无论是何种类型的调解,自愿、平等都是其首要基本原则。

当事人自愿、平等原则是自愿原则和平等原则的统称,是指在调解过程中,无论是调解程序的启动还是调解方案的最终达成都取决于当事人的合意。调解作为一种重要的合意性纠纷解决方式,理应将尊重当事人意思自治作为调解的指导理念,贯穿于调解的整个过程之中。

当事人自愿平等原则包括两方面内容:一方面,调解协议的签订、内容、执行,都必须出于发生纠纷的当事人的自愿和同意,不能有任何勉强与强迫。纠纷发生之后,当事人可以申请调解或者接受调解作为解决纠纷的途径,也可以拒绝调解;在调解进行过程中,当事人也可以拒绝继续调解而选择其他纠纷解决方式;当事人可以接受调解机构安排的调解人员,也可以自主选择调解人员;当事人可以接受调解人员提出的调解方案,也可以自己提出调解方案;当事人可以选择调解协议的形式,书面或口头均无不可,等等。另一方面,当事人在调解过程中享有平等的法律地位,平等行使权利,平等履行义务,任何一方不享有特权。在调解过程中,调解组织和调解人员有义务尊重和保障当事人的平等地位。

调解实践中,尤其是法院调解过程中,采用“以判压调”“以拖促调”等方法迫使当事人放弃自己的合法权益,属于典型的违背自愿、平等原则的情形。但是,如果权利的让步是当事人在对纠纷解决进行整体评估之后做出的决策,则属于当事人自由处分民事权益,并不违反调解的自愿、平等原则。

二、诚信原则

《民法典》第 7 条规定:“民事主体从事民事活动,应当遵循诚信原则,秉持诚实,恪守承诺。”诚信原则,即诚实信用原则,不但是一般民事活动的基本原则,也是我国调解制度、调解活动的基本原则。在民法中,诚信原则是指人们在市场活动、民事交往中讲求信用,恪守诺言,诚实不欺,在不损害他人利益的前提下追求自己的合法利益。调解中的诚信原则,是指调解组织、当事人和其他调解参与人在调解过程中必须公正、诚实、善意。

诚信原则在调解中的适用主要体现为:禁止反悔和矛盾行为;禁止以欺骗方法骗取有利于自己的调解结果;禁止滥用调解权利;禁止在调解中弄虚作假,虚伪陈述,影响调解人员对案件事实的判断。

三、中立、公正原则

《人民调解法》第 15 条规定:“人民调解员在调解工作中有下列行为之一的,由其所在的人民调解委员会给予批评教育、责令改正,情节严重的,由推选或者聘任单位予以罢免或者解聘:(一)偏袒一方当事人的;……”第 21 条第 1 款规定:“人民调解员调解民间纠纷,应当坚持原则,明法析理,主持公道。”由此可见,独立、公正也是调解的基本原则之一。

(一)中立原则

中立原则侧重于调解人员与当事人之间的关系。具体来说主要包含以下两个方面的要求:

第一,在外在形式上保证调解的中立性。调解组织和调解人员与各方当事人及申请调解的纠纷不存在法律上的利害关系,不代表任何一方当事人,也不偏袒任何一方当事人,对于任何一方当事人都是独立的、无私的、不带偏见的,否则当事人可以申请调解人员回避。

第二,在调解内容上保证调解的中立性。调解人员不能不当干涉当事人的自由,不能直接或者间接对当事人做出不当评价,调解人员也不应当使用专门知识对当事人的决定产生不当影响。纠纷解决方案的达成,取决于当事人的意思自治,调解人员在调解过程中仅起到为双方当事人搭建沟通对话平台、促成双方沟通交流、提出调解建议等中介性作用,不能将自己的意志强加给当事人。

(二)公正原则

公正是指调解人员在双方当事人面前应当保持不偏不倚的态度,不得对任何一方当事人或者当事人之间争议的纠纷存在偏袒或者歧视。由于调解结果是否公正主要取决于当事人的自愿决定,所以公正原则主要指调解程序上的公正。具体而言,公正原则主要体现为:

第一,应尊重当事人自主选择调解员的权利。

第二,调解员在调解过程中应尽量寻求当事人利益的平衡,寻求“中道”。

第三,要确保各方当事人享有充分的参与权,充分表达自身意愿和利益诉求。

四、不违法原则

《民事诉讼法》第 99 条规定:“……调解协议的内容不得违反法律规定。”《人民调解法》第 3 条规定:“人民调解委员会调解民间纠纷,应当遵循下列原则:……(二)不违背法律、法规和国家政策;……”由此可见,不得违法也是我国调解的基本原则之一。

不违法原则,是指调解组织和调解人员以及纠纷当事人在调解过程中,在查明事实、分清是非的基础上,遵循一定的程序,在不违背法律、法规的强制性和禁止性规定的前提下,可以依据政策、社会公德、村规民约、公序良俗和行业习惯充分说理,促使纠纷双方当事人对争议的问题进行平等协商、互相谅解、消除隔阂,帮助当事人自愿达成协议、解决纠纷的行为活动准则。

该原则主要表现为以下几个方面:

第一,调解组织受理和调解矛盾纠纷的范围要符合法律、法规和规章的规定。例如,人民调解组织只能对法律、法规及规章规定属于人民调解组织受理范围并有权管辖的案件进行受理并管辖。法律、法规、规章规定只能由专门机关管辖处理的,或者法律、法规禁止采用调解方式解决的民间纠纷案件,或者人民法院、公安机关或者其他行政机关已经受理或者解决的案件,人民调解委员会不得进行调解。但治安案件、刑事犯罪案件引起的人身伤害、财产损害的赔偿案件,或者人民法院、公安机关虽已受理,但认为更适合人民调解解决,移交或者建议人民调解委员会调解的案件,或者虽然构成犯罪,但人民检察院决定不起诉及人民法院裁判不处罚的特殊刑事案件(如暴力干涉婚姻自由、遗弃、虐待等刑事案件),人民调解委员会则可以受理。

第二，调解组织必须依法客观、准确地判断和评价争议事实。调解组织调解纠纷，应当在查明事实、分清是非的基础上，开展耐心、细致的说服疏导工作，促使双方当事人互谅互让，消除隔阂，引导、帮助当事人达成解决纠纷的调解协议。以事实为依据，以法律为准绳，同样是进行调解活动所必须遵循的标准和要求。

第三，纠纷调解的结果和当事人权利义务的确定，必须不能违背法律、法规、规章和政策的要求。调解活动中固然应当允许当事人双方对自己的民事权利作出适当的处分，但当事人的处分不得违背法律、政策的规定或损害国家、集体和其他公民的权益，这是不违法原则的最基本要求。由于调解协议合法性的要求与判决合法性的要求有所不同，调解不违法性原则不是指调解协议的内容必须严格遵照法律的规定，而是指协议内容不得与法律的禁止性规定相冲突、不得违反公序良俗和损害第三人的合法权益。

第四，调解程序必须符合相关法律法规的规定。民间纠纷发生以后，当事人是否选择适用调解的途径来救济权利，必须完全出于双方当事人的自愿，调解组织和调解人员不得强行调解或强迫当事人继续调解程序，更不能强迫当事人达成调解协议。

五、保密原则

保密原则，又称不公开原则，是指调解组织调解民事纠纷应当仅在当事人之间进行，通常与案件无关的其他公民不得旁听，新闻媒体不得采访、报道，当事人在调解过程中为达成调解协议或者和解而妥协所作的陈述、承认，不得在以后的诉讼程序中作为对其不利的证据披露、使用。

为了确保调解过程中当事人能真实表达自己的意思，必须创造良好的环境以消除当事人的后顾之忧，因此遵循保密原则是调解正常进行的前提。相应的规范性法律文件往往对此有明确要求。例如，《最高人民法院关于适用〈中华人民共和国民事诉讼法〉的解释》第146条规定："人民法院审理民事案件，调解过程不公开，但当事人同意公开的除外。调解协议内容不公开，但为保护国家利益、社会公共利益、他人合法权益，人民法院认为确有必要公开的除外。主持调解以及参与调解的人员，对调解过程以及调解过程中获悉的国家秘密、商业秘密、个人隐私和其他不宜公开的信息，应当保守秘密，但为保护国家利益、社会公共利益、他人合法权益的除外。"

通常情况下，保密原则体现在以下几个方面：

第一，调解过程不公开。

第二，调解协议的内容不公开。

第三，当事人在调解过程中为达成调解协议或者和解而妥协所作的陈述、承认，调解组织和调解人员有保密义务，不得在以后的诉讼程序中作为对其不利的证据予以提供、使用。

第五节　调解职业伦理

调解员的职业道德是指基于调解员职业特性，在长期调解实践中形成的对全体调解员具有普遍约束力的道德观念、行为规范和习俗的总和。调解员职业道德是调节调解员之间的关系、调解员与当事人之间，以及调解员与社会各方面关系的行为准则，是评价调解员职业行为的善恶、荣辱的标准，对调解员具有特殊的约束力。从世界各国的实践来看，各个国家都通过各种途径对调解员的行为和职业道德给予一定的约束和监督。我国还没有制定完善、系统的调解员职业道德准则，仅仅在《民事诉讼法》《公务员法》《人民调解法》有零散的规定，同时，在长期的调解实践中也尚未形成严密的职业道德评价和约束机制。因此，为加强调解员的职业道德教育，提高调解员队伍的素质，维护调解员和调解机构的良好形象，亟待制定和完善调解系统的调解员职业道德准则和完备的调解员职业道德评价和约束机制。

一、充分尊重当事人的处分权利

相对于司法审判，调解是一种缺乏强制性的纠纷解决机制，贯彻的是“没有合意就没有纠纷的最后解决”“只要不服就可以不从”的原则，是以当事人的合意作为其正当化原理。调解虽然有第三人的参与，但在本质上，第三人提供的仅仅是一个促进自我解决纠纷的平台。当事人自治既是调解的本质属性，也是调解追求的目标之一。自治目标下调解的目的是提供给当事人参与纠纷解决过程的机会，使其在自己的纠纷中扮演更加重要的角色。调解员的职能是在调解中适时为双方提供协商、对话的机会和场合，起沟通作用，激发当事人积极参与调解。《人民调解法》第 22 条明确规定：“人民调解员根据纠纷的不同情况，可以采取多种方式调解民间纠纷，充分听取当事人的陈述，讲解有关法律、法规和国家政策，耐心疏导，在当事人平等协商、互谅互让的基础上提出纠纷解决方案，帮助当事人自愿达成调解协议。”

二、调解保持中立公平

相较诉讼而言,调解缺乏逻辑严密的法定程序规则,这就要求调解员在个案中把握好中立的标准。一般认为,调解员中立主要是指:调解过程中,调解员对任何一方当事人无偏见,调解员应该公正、公平。早在2009年最高人民法院公布的《关于建立健全诉讼与非诉讼相衔接的矛盾纠纷解决机制的若干意见》第27条中即规定:“调解员应当遵守调解员职业道德准则。人民法院在办理相关案件过程中发现调解员与参与调解的案件有利害关系,可能影响其保持中立、公平调解的,或者调解员有其他违反职业道德准则的行为的,应当告知调解员回避、更换调解员、终止调解或者采取其他适当措施。除非当事人另有约定,人民法院不允许调解员在参与调解后又在就同一纠纷或者相关纠纷进行的诉讼程序中作为一方当事人的代理人。”中国国际贸易促进委员会、中国国际商会《调解员守则》(2005年)第2条明确规定:“调解员应独立、公正、不代表任何一方当事人、不偏不倚地履行其职责。”中国海事仲裁委员会海事调解中心《调解员办案守则》(2005年)第2条规定:“调解员不代表任何一方当事人。”第8条规定:“调解员在调解过程中,不得有偏向一方当事人的言行,应尊重由当事人自愿达成和解协议的原则。”

三、调解无利害关系

调解中的无利害关系是指为确保调解中立和公平,调解委员会与调解员不得与任何一方当事人之间具有利害关系,一旦发现与某一方当事人存在可能影响其中立性和公正性的情形,应当立即予以披露,并退出调解。但是,双方当事人均同意其继续留任且调解人自己也认为不会影响调解公正性时可以继续主持调解。利益无涉规则是保障调解员中立的重要手段,调解中一旦存在利益冲突必将伤及调解员的职业精神和调解行业的社会公信力。

四、调解保密

在调解中,当事人最担心的是自己在调解中的妥协、陈述等成为之后诉讼中不利于己的证据。基于这种担心,当事人在调解中畏于坦诚相待。因此,调解中的保密原则通常包括以下三层含义:

1. 调解过程不公开。与司法审判公开原则相比,调解过程通常采取不公开形式进行。即调解员作为调解程序的主持人有权拒绝社会大众旁听,拒绝新闻媒体对调解过程的采访。上述内容是调解保密原则最基本的要求,其核心目的是保持调解程序的独立性,避免当事人的信息外露。事实表明,当事人只有在相对封闭的场所,才能够坦露心声。调解过程不公开,当事人才会并且勇于表达自己的真实想法。调解过程不公开,重在提升当事人对调解程序的信任度,最大限度争取当事人在调解程序中坦诚相见、开诚布公,最终达成合意。

2. 调解内容不公开。调解中,当事人主要通过谈判协商来解决争议,涉及当事人的商业秘密和个人隐私等。调解保密原则的实质性要求是,调解员和当事人对其在调解过程中获知的信息负有保密义务。尤其是在背靠背的调解程序中,各方当事人均不知晓对方所主张的案件事实,通常情形下更容易透露出较多案件信息以及自己和他人的相关情况。当一方当事人交代自己的底线以及披露一些不愿让对方当事人知道的案件信息以及个人隐私等时,调解员就须承担相对应的保密义务。这个层面的保密原则在实践中十分重要却很容易被忽视,理论上也尚未进行充分地阐释,需要我们进一步挖掘其深层次内涵。

3. 当事人在调解中陈述的事实不得作为证据。调解保密原则的附随要求主要体现在调解信息需要在后续一系列程序中保密。如果纠纷调解不成,在后续的诉讼中,调解员有拒绝作证的权利。这一要求的基本内涵是当事人在调解程序中展示的信息在后续的法律程序中不能被认定为对其不利的证据。保密原则的有力执行使当事人相信自身的权利有保障,不必担心这些信息会在后续的程序中以对其不利的证据形式呈现。如此一来,有利于调解活动的进行和调解协议的达成。调解保密原则的这一要义充分地体现了调解话语空间与诉讼话语空间的相异和断裂,增强了调解程序对诉讼程序的规制。

五、调解员的勤勉尽责

忠于职守、勤勉尽责是调解员应当遵守的职业操守和道德品质。勤勉尽责,就是以调解员理应具备的知识、技能和经验积极努力地履行职责,督促双方当事人遵守调解规则。勤勉尽责是调解员称职的基本要求,是一种积极义务,根据《民事诉讼法》和《人民调解法》的有关规定,调解员勤勉尽责包括但不限于以下内容:

1. 准确掌握当事人的基本信息,包括但不限于当事人的姓名、性别、住址、职业、婚姻状况。

2. 及时受理当事人的调解申请并登记,及时通知当事人。

3. 告知当事人在调解活动中享有的权利及承担的义务。

4. 调解场所的安排有利于保障当事人的安全,也有利于调解信息的保密。

5. 调解员在调解工作中应当耐心听取当事人、代理人的陈述及辩论意见。

6. 认真详细审阅当事人提交的全部证据及材料。

7. 严格遵守办案程序，不得徇私舞弊，滥用职权。

第二章　我国调解制度的历史发展

调解制度源于我国传统文化中的和合理念，其产生与发展有着深厚的思想和社会基础。在我国古代社会，人们在日常生产生活中，为了解决各种矛盾和纠纷，往往通过第三人，以斡旋或者劝说的方式进行调处，从而化解彼此之间的矛盾，并且有效避免将来再次发生类似矛盾与纠纷。从古至今，调解制度都是我国解决民事纠纷的重要方式，了解我国调解制度的渊源及其发展演变过程，对构建我国现代调解制度具有重要意义。

第一节　我国古代调解制度

我国调解文化历史悠久，底蕴深厚，蕴含着古代中国人民高超的调解技巧与智慧。它不仅对当时和后世的中国产生了重要影响，而且传播至域外，对域外相关调解制度的建构与发展起到了重要的推动作用。以时间为主线，我国古代调解制度可以划分为三个主要阶段：萌芽阶段、发展阶段和成熟阶段。①

一、萌芽阶段

我国古代调解制度产生的萌芽阶段肇始于尧舜时期直至春秋战国末期，这是我国传统调解产生并逐渐形成的时期。《史记》中曾经记载了舜帝调解历山、雷泽和黄河沿岸居民纠纷的故事。《史记·五帝本纪》记载："舜耕历山，历山之人皆让畔；渔雷泽，雷泽上人皆让居；陶河滨，河滨器皆不苦窳。一年而所居成聚，二年成邑，三年成都。"舜解决矛盾的这一方式是典型的榜样式调解，率先垂范，以崇高的道德来感化当事人。在这个时期，由于没有阶级、国家和法律，社会的控制管理主要通过传统和风俗，部落联盟内部成员之间纠纷的主要解决方式为协商和调解。

---

① 参见廖永安主编：《中国调解学教程》，湘潭大学出版社 2016 年版，第 50 页。

西周时期进入奴隶社会，阶级和国家的产生出现了专门负责调解事务的官员——“调人之职”。在诉讼中，司法官首先告知被告所要承担的法律责任，并进行调解，调解不成时作出判决。在调解过程中，有过错的一方需要向对方承认错误，提出赔偿方案，如果能为对方所接受，案件即可终结；如果方案不能为对方所接受，则由司法官判决。①

春秋时期受“贵和持中”的传统文化的影响，儒家的代表人物孔子极力主张通过调解来解决人们之间的纠纷，他在做鲁国司寇时曾说：“听讼，吾犹人也，必也使无讼乎。”②“无讼”即人与人之间和睦相处，矛盾纠纷通过各自的忍让得以解决，而不是诉至官府强制解决。儒家的这种“无讼”思想在中国古代有着广泛的社会基础，它根植于宗法社会中浓厚的“血缘关系”，是“礼为用、和为贵”的具体体现。儒家的这种思想，为调解制度的产生奠定了思想基础。

二、发展阶段

我国古代调解制度的发展阶段始于秦朝。在这一阶段，儒家思想逐渐占据统治地位，礼治和道德教化开始成为我国传统调解的基本理念。儒家认为只有尊崇礼治，强调道德教化才是国家治理的王道，虽然见效较慢，但却能持久。秦朝虽然奉行“以法治国”，但在其县以下的基层组织仍然大量通过调解方式解决纠纷。西汉建立之初吸收和借鉴了秦朝的法律制度，同时吸收秦朝在政治架构和基层组织设置上的经验，在其乡诉讼中也大量运用调解手段。秦汉两代在基层设乡，乡里有三老、秩和啬夫这三种职位，他们负责道德教化和调解事务，调解不成才可到县里起诉。《汉书·百官公卿表》记载：“十亭一乡，乡有三老、有秩、啬夫、游徼……啬夫职听讼，收赋税。”汉代司法调解手段灵活多样，能够视情况而采取不同的方法。西汉以后，调解在解决民事纠纷中所发挥的作用日益为统治阶级所重视，诉讼调解逐渐成为诉讼制度的核心。

到了唐朝，我国诉讼制度已基本定型，司法官对于民事争讼，特别是家庭财产纠纷，大多讲究宣明教化，现身说法，调处纠纷，息事宁人。③《唐律》中规定，乡里讼事“先由里正坊正调解之”。唐代地方上的轻微刑事案件由基层的里正、村正和坊正进行调解，他们同时还有权对民事纠纷进行调解，不能解决的交由府县衙门按程序办理。

---

① 参见张晋藩主编：《中国民事诉讼制度史》，巴蜀书社1999年版，第16页。

② 《论语·颜渊》。

③ 参见宋朝武：《调解立法研究》，中国政法大学出版社2008年版，第36页。

三、成熟阶段

我国古调解制度的成熟阶段始于宋朝，一直延续到明清。这一时期是中国传统调解制度发展的关键时期，调解发展迅速，日渐成熟完善。作为化解纠纷的重要手段，调解在法律中得以明确规定，官方对此予以大力推广，并在各类诉讼中广泛运用。

宋朝时期商品经济迅速发展，资本主义萌芽开始出现，对内和对外的经济交往非常多。经济的发达导致经济利益冲突增加，也由此使纠纷成倍增长。宋代地方官员深受宋明理学的影响，传统儒家思想深入人心，其中关于和谐及无讼的理念对司法官员影响很深。宋朝的地方官都以劝解息讼为从政要务，在面对民众的纷争时，加强教化，尽量不通过诉讼手段来解决。地方官员基于"无讼"理念的追求，认为讼诉有损封建道德，为了使矛盾纠纷彻底化解，地方官员在解决民间纠纷时，把"息诉"作为化解矛盾的主要目标，力劝当事人调解结案。宋朝官府非常重视调处结案，并专设司法术语称为"和对"。"和对"包括官府调处、乡曲亲戚宗族调处和民间自行调处，调处结案已经成为解决民间纠纷的常用手段。[①] 宋代的法律中规定"地方官应当以职务教化为先，刑罚为后，每遇听讼，于父子之间，则劝息教慈，于兄弟之间，则劝以爱友"。

元朝由于田宅典当盛行，出现大量的财产转移现象，从而导致民间土地争讼大量增加。为了减少地方司法机关案件积压的压力，化解争讼，增强亲朋邻里间的和睦，稳定社会和国家统治，官府倡导用调解解决纠纷。因此，在这一时期调解制度得到迅速发展。调解的方式分为司法官吏调解和民间调解，后者由基层社长主持，对邻里间民事纠纷"以理喻解"，调解结果对当事人具有法律上的约束力，倘若当事人再以同样的事实和理由提起诉讼，官府一般不予受理。元代主张处理民事争议"宜徐不易亟，宜宽不宜猛，徐则或悟其非，猛则益滋其恶，下其里中开喻之，斯得休矣"。对民事纠纷和轻微刑事案件应先以理喻之，次而以法治之，并将调解息讼作为为官的一种政绩。[②]

明清时期，调解已经成为解决纠纷常用的基本手段。明朝官府认为发生诉讼是"民风浇薄"的表现，出现民事纠纷应尽量不烦扰官府，由民间自行调和为上策。明《教民榜文》中规定："民间户婚、田土、斗殴、相争一切小事，不许动辄告官，务要经本管里甲老人理断。"明初，各地还设有申明亭，专门用来调解民间纠纷小事。到

---

① 参见张晋藩主编：《中国民事诉讼制度史》，巴蜀书社1999年版，第80页。

② 参见张晋藩主编：《中国民事诉讼制度史》，巴蜀书社1999年版，第121－124页。

了明中后期，统治者又在各地推行“乡约”制度，每里为一约，设约正、约副各一人，同时设立“天地神明纪纲法度”和“圣谕”这两块牌位，每隔半个月就将附近民众集合起来，公开宣讲圣谕、调处纠纷，如果当事人同意和解，则记录在案，不同意者可以到官府起诉。①

清朝时期的调解有诉讼内调解和诉讼外调解两种。诉讼内调解在州县官的主持下进行，带有一定的强制性，州县调解是州县地方官在诉讼中主持和参与的调解，将调解息讼作为州县官“消弭讼端”的政绩，所以地方官府都千方百计对民事案件进行调解。据史料记载，道光元年至三十年顺天府宝坻县二十二件完整的户婚田土案件中，调解结案的占十一件，调解结案比例达百分之五十。诉讼外调解包括乡邻调解和宗族调解，根据《大清律例》的规定，乡村里老有权调停有关家庭关系和不动产纠纷，地方里老解决不了的其他纠纷都要提交给州县官员处理。在清朝，族内发生纠纷先由家长或宗族中的头面人物调解，不准轻易告官。安徽桐城《祝氏宗谱》规定：“族众有争竞者，必先鸣户尊、房长理处，不得遽兴讼端，倘有倚分逼挟侍符欺弱及遇事挑唆者，除户长禀首外，家规惩治。”江西南昌《魏氏宗谱》也规定：“族中有口角小愤及田土差役账目等项，必须先经投族众剖决是非，不得径往府县诳告滋蔓。”②

从我国古代调解制度的发展和演变过程可以看出，尽管不同历史时期的调解机制各有其特点，但古代的调解根源于传统思想文化中的“无讼”“息讼”思想，无论是民间调解还是官府调解，目的多在于大事化小、小事化了，调解虽然成为一种独立的解决纠纷的方法，但最终的落脚点是减少讼案的数量，维持社会秩序的稳定，并不是保护某个人的某项权利，而是维护、恢复遭到破坏的社会规则，因此，它要尽其所能抑制人们的私欲，最终达到使民不争的目的。由此可见，我国古代的调解制度不同于现代意义上的调解，其对真正化解当事人之间的矛盾和维护当事人利益关注比较少，即对实体正义的关注度不够，突出的表现在不完全遵循当事人的意愿，强制性地将调解规定为诉讼的必经程序；经调解的案件不允许上诉，剥夺当事人的诉权；甚至在调解的过程中动用刑罚来获取事实真相等。

第二节　我国边区根据地调解制度

我国边区根据地的调解制度，渊源于抗日战争时期的陕甘宁边区和各个解放

① 参见张晋藩：《中国法律的传统与近代转型》，法律出版社 1997 年版，第 283 页。

② 张晋藩：《中国古代国情背景下的司法制度》，载《人民法院报》2010 年 1 月 29 日，第 7 版。

区人民政权的司法制度。第二次国内革命战争时期,调解制度开始在苏区根据地出现,本节主要介绍陕甘宁革命根据地调解制度的演变。抗日战争时期,调解制度在陕甘宁边区实现繁荣发展,并开始逐步得以制度化和规范化,直到今天,它仍然是我们解决纠纷的一项基本制度和必要手段。

一、边区根据地调解制度的产生

1921 年中国共产党成立,中国共产党成立后发动农民运动,在所成立的一些农民协会就曾经承担起调解协会内部成员之间纠纷的职能,有的农会甚至为此还在内部设立了专门的调解机构,如"仲裁部"等。1921 年 9 月,共产党人沈定一在浙江萧山创建了中共历史上第一个农民协会——衙前农民协会,并公布了《衙前农民协会章程》。该章程第 5 条规定:若农会会员之间发生纠纷,需报告议事委员,由议事委员以调解的方式来处理。[①] 1922 年 7 月,中国现代农民运动先驱彭湃等人在广东海丰县组成著名的"六人农会",农会在调解本会会员之间以及会员与一般农民之间的矛盾纠纷上做了很多出色的工作,在群众中树立起极高的威望。[②] 1923 年,海丰县总农会成立,在其内部同样设立了"仲裁部"作为纠纷调解机构,为农民处理、调解内部纠纷,做"和事佬",在"仲裁部"所处理的大量纠纷中,婚姻纠纷所占比重最大,达到了百分之三十。[③] 1924 年革命统一战线建成后,我国的工农运动得到迅速发展。在全国各地所建立的两万多个农民协会中,无一例外,都设立了专门的调解机构。

第二次国内革命战争时期,在全国范围内先后建立起十几个革命根据地。1931 年 11 月,《苏维埃地方政府暂行组织条例》赋予了各乡苏维埃解决未涉及犯罪行为的各种争执问题的权力。以此为依据,川陕省苏维埃政府在具体实践中相应作出明确规定:村苏维埃可直接解决群众的纠纷,对于乡和区两级苏维埃解决不了的纠纷,可移交区苏维埃进行调解。

苏区根据地时期的调解制度影响深远,极具历史意义,为后来的调解制度积累了宝贵的法制建设经验。

二、边区根据地调解制度的形成

边区根据地调解制度的正式形成以《陕甘宁边区民刑事件调解条例》的颁布为

---

① 参见浙江省档案馆编:《浙江革命历史档案选编——第一、二次国内革命战争时期》,浙江人民出版社 1989 年版,第 3 页。

② 参见叶左能、蔡福谋:《海陆丰农民运动》,中共中央党校出版社 1993 年版,第 49 页。

③ 参见叶左能、蔡福谋:《海陆丰农民运动》,中共中央党校出版社 1993 年版,第 53 - 58 页。

标志。陕甘宁边区政府成立后，依据苏区根据地时期的乡苏维埃裁判群众纠纷的经验，并考虑到边区的客观实际，从各乡选派仲裁员和检查员，共同组成人民法庭进行纠纷调解工作，为了加强对人民法庭的监督和领导，又成立了人民仲裁委员会，后来上述两个组织被重组成为调解委员会。① 自1941年起，各抗日根据地在总结调解工作经验的基础上，相继颁发了一系列适合于本地区开展调解工作的条例和指示。例如，1941年，山东抗日人民政府颁布了《调解委员会暂行组织条例》；1942年，晋西北行政公署颁布了《晋西北村调解暂行办法》，晋察冀边区行政委员会颁布了《晋察冀边区行政村调解工作条例》；1944年，晋察冀边区行政委员会颁布了《晋冀鲁豫边区冀鲁豫区区调解委员会组织大纲》，渤海区行政公署颁布了《山东渤海区村调解委员会暂行组织条例》，淮海区专员公署颁布《重订淮海区调解委员会规程》；1945年，苏中区行政公署颁发了《苏中区人民纠纷调解暂行办法》等。边区政府颁布的一系列调解工作条例，对边区调解工作起到了规范作用。

边区根据地调解制度形成的标志，是陕甘宁边区政府1943年颁布的《陕甘宁边区民刑事件调解条例》，该条例中规定了下列内容：第一，提倡民间调解纠纷。第二，调解范围，民事纠纷均例行调解，刑事案件中除列举的23条罪行外均需要调解。第三，调解解决纠纷的方式有三种：一是赔礼道歉或书面认错；二是赔偿损失或抚慰金；三是可根据习惯中平气息争的方式进行，但不得违背善良风俗。第四，调解程序。第五，调解自愿原则。第六，制作调解书的具体要求。第七，调解组织形式，可分为民间调解、群众团体调解、政府调解、法院调解。第八，在案件的侦查、审判、上诉和执行程序的所有环节中都可以开展调解工作。

《陕甘宁边区民刑事件调解条例》的颁布，在边区根据地调解制度史上具有里程碑意义，标志着边区根据地调解制度的正式形成。自此以后，调解制度在组织形式、调解范围、内容和程序等方面都有了明确的规范，调解制度工作的法律地位得到加强，促使边区根据地的调解制度工作朝向制度化、法律化不断迈进，开启了一个全新的发展阶段。

三、边区根据地调解制度的发展

《陕甘宁边区民刑事件调解条例》的颁布，极大地推动了陕甘宁边区调解制度工作的开展，在各级政府和法院的领导下，解决了大量的矛盾纠纷。但是，在法院调解方面，工作的开展还不尽如人意，囿于传统和习惯的强大惯性，部分司法干部还

---

① 参见杨永华、方克勤：《陕甘宁边区法制史稿（诉讼狱政篇）》，法律出版社1987年版，第189页。

是习惯于用判决来解决群众间的纠纷。针对上述情况,陕甘宁边区高等法院在1943 年 12 月 20 日发布了名为《注重调解诉讼纠纷》的指示信强调“边区的司法工作作风,要以能替人民解决实际问题为主,不以判决形式为重。司法人员要能多尽一分心力,社会即蒙一分福利。不可沿用旧时代一判完事的老办法。我们要转变旧的观念,实行新的策略,因特重为函告,注意调解。普遍实施减少讼累,以其符合于新民主主义的司法政策。凡以后上诉的案件,与呈报的案件,应调解而不予调解,原卷内未有和解纪录与调解方案时,即证明司法人员未劝导当事人和解,违背政策,应仍发回重新处理,进行调解”。[①] 1944 年 6 月,《陕甘宁边区政府指示信——关于普及调解、总结判例、清理监所指示信》,对调解的作用进行了充分的肯定。同时,该文件还指出,在调解工作中,最主要的方式是民间调解即通过群众自己调解矛盾纠纷。

1944 年 6 月,陕甘宁边区参议会通过了高等法院绥德分庭副庭长乔松山《普遍建立调解制度,订入乡规民约,切实做到减少人民诉讼纠纷》的提案。1944 年 8 月,陕甘宁边区高等法院再次发出指示信,要求对提案的内容进行宣传,自此,调解运动终于在边区轰轰烈烈地开展起来。据统计,从 1942 年至 1944 年,边区司法机关所受理的民刑事案件调解率呈逐年上升的趋势,1942 年,民事案件的调解结案率不到 18%,而到了 1943 年,调解结案率已经上升到了 40%,1944 年的调解结案率则高达 48%;1942 年,轻微刑事案件的调解结案率仅为 0.4%,而 1943 年的调解结案率则已经上升到 5.6%,1944 年的调解结案率更是达到 12% 之高。[②] 1948 年 8 月,边区高等法院发布了名为《加强民间调解,推行劳役交乡执行,法官下乡就地审判,有益增加生产支援前线》的指示信,进一步强调,对于群众调解、群众团体调解、区乡政府调解,都应制作调解书,以便作为日后的凭证,但对调解协议的性质,并没有做出实质性的说明。[③] 然而,由于调解协议的效力没有法律上的依据,所以,调解定分止争的作用也大打折扣。1948 年 9 月 1 日,边区高等法院发布了名为《为指示加强调解,劳役交乡执行,法官下乡就地审判,以发展生产由》的指示信,其中指出,对待群众纠纷,应以说理和调解方式解决,并再一次对调解原则进行了强调。[④]

---

① 艾绍润、高海深主编:《陕甘宁边区法律法规汇编》,陕西人民出版社 2007 年版,第 343 页。

② 参见马锡五:《新民主主义革命阶段中陕甘宁边区的人民司法工作》,载《政法研究》1955 年第 1 期。

③ 参见汪世荣等:《新中国司法制度的基石——陕甘宁边区高等法院(1937—1949)》,商务印书馆 2011 年版,第 245 页。

④ 参见艾绍润、高海深主编:《陕甘宁边区法律法规汇编》,陕西人民出版社 2007 年版,第 346－347 页。

陕甘宁边区调解制度的发展离不开边区政府和边区高等法院的推动。虽然边区调解制度工作在发展中还存在某些不足,比如,存在调解范围过于宽泛、强制调解等情况,但总体上为促进民主建设、维护边区革命秩序、树立中国共产党的威信、促进生产、夺取抗战胜利做出了突出贡献。除此之外尤需指出,这一时期的调解工作的法制意义是极其深远的。

四、边区根据地调解制度的形式

边区根据地时期的调解制度在形式上,主要包括民间自行调解、群众团体调解、政府调解和司法调解四类。其中前三类属于诉讼外调解的范畴,而第四类则属于诉讼中的调解,并发展为著名的"马锡五审判方式"。

民间自行调解,是指由双方当事人出面,或当事人的亲属出面,邀请邻居、亲友或群众团体,根据具体情况,提出调解方案,劝导双方平息纠纷。

群众团体调解,是指依靠群众团体解决纠纷。基本形式又分为两种类型:一种类型是设立专门的调解组织,如在村里或商会内设立调解委员会或调解小组,由政府代表、组织负责人和地方公正人士组成。这种专门组织可以说是中华人民共和国成立后人民调解委员会的前身。另一种类型是由各种群众团体直接进行调解,通常是由群众团体的负责人出面,对民事纠纷进行调解。

政府调解,是指由基层人民政府主持的调解。基层人民政府进行调解时,或由区长、乡长等直接出面;或邀请劳动英雄、公正人士等参加;或在政府领导下,成立专门的调解机构。政府调解虽然在性质上具有行政调解的特征,但实际上与群众团体组成的专门性的调解组织并无明显的不同,因此仍属于人民调解的性质。政府组织的专门性调解机构同群众团体所设的专门调解组织一样,是以后建立的人民调解委员会的前身。

司法调解,是指由各级司法机关所进行的调解,即法院调解。抗战时期,根据新的司法政策,陕甘宁边区高等法院、各分庭、县司法处都被赋予调解民间纠纷的职能。《陕甘宁边区民刑事件调解条例》第11条规定:"系属法庭之案,得由法庭以职权依据本条例之规定进行调解,或指定双方当事人之邻居、亲友或民众团体在外从事调解。"以上法律规定实际上规定了两种不同的通过调解解决纠纷的方式,即法庭直接调解和法庭指定调解。法庭直接调解也称庭内调解,是指法庭依职权进行的调解,于调解成立后,制作调解笔录,送达双方当事人结案。法庭指定调解也称庭外调解,主要是指审判人员在法庭外会同当事人的邻居、亲友等参加的调解,是当时司法调解的主要形式,也是"马锡五审判方式"的重要内容之一——司法干部走出法庭，深入农村，调查研究，为群众解决纠纷。形式上包括：法庭指定双方当事人的邻居、亲友，当地公正士绅、长者、劳动英雄和群众团体等进行调解；指定区、乡政府调解；审判人员会同当地干部、群众代表及双方亲友邻居共同进行调解。

以上四种调解形式，为中华人民共和国成立后调解制度的发展和完善奠定了基础。

第三节　新中国的调解制度

新民主主义革命时期，人民调解、法院调解、行政调解逐渐形成，并在中华人民共和国成立后，进一步发展完善。新中国调解制度是化解社会矛盾的制度之一，包括人民调解、司法调解和行政调解三种方式。

一、人民调解制度的历史沿革

作为一种常规性纠纷解决机制，现代人民调解制度的萌芽始于革命根据地建立之后的革命战争时期。在边区根据地时期，调解的目标不仅是解决纠纷，而且还承担了政治功能。在政治斗争与武装革命的时代背景下，人民调解成为中国共产党进行社会治理而寻求的一种结构性替代物并逐渐成形。①

中华人民共和国成立后，人民调解工作继承和发扬了老解放区调解工作的优良传统，并使人民调解制度最终得到确立。据不完全统计，从中华人民共和国成立至 1954 年，先后发布过人民调解条例、指示、决定、办法的有苏北、平原、松江、河北、甘肃、山东、云南、江西、新疆、内蒙古、武汉、天津等。1953 年，第二次全国司法工作会议通过决议，决定在全国范围内有领导、有计划地建立和健全基层群众性调解组织。截至 1953 年，华东区已有调解委员会约 46 000 个，占全部乡数的 80%；华北区的山西和河北，约有 1/3 至 1/2 的县建立了区村调解委员会或联村调解站；中南、西南的绝大部分地区处于典型试验阶段。②

1954 年政务院颁布了《人民调解委员会暂行组织通则》（现已失效），第一次在全国范围内统一确立了人民调解组织的性质、任务、组织领导、职权范围、工作原则、

---

① 参见曾令健：《政府推动型人民调解的意涵变迁（1931—2010）——法学研究的历史社会学进路》，载《厦门大学法律评论》2016 年第 1 期。

② 参见韩延龙：《我国人民调解工作的三十年》，载郭翔等编：《人民调解在中国》，华中师范大学出版社 1986 年版，第 71 页。

工作方法和纪律等，标志着人民调解制度作为一项法律制度在我国正式确立，具有里程碑意义。《人民调解委员会暂行组织通则》明确将人民调解委员会定性为在政府和法院指导下的“群众性的调解组织”，调解范围为“一般民事纠纷与轻微刑事案件”。

作为中国共产党走“群众路线”取得革命胜利的重要经验，人民调解于1982年被写入了国家根本大法《宪法》，为村（居）民委员会设立人民调解委员会提供了最高法律依据。1989年，国务院在1954年《人民调解委员会暂行组织通则》的基础上修改制定了《人民调解委员会组织条例》。《人民调解委员会组织条例》将人民调解委员会界定为“村民委员会和居民委员会下设的调解民间纠纷的群众性组织”，其职责范围限缩为“调解民间纠纷”，规定企事业单位可根据需要设立人民调解委员会。

2002年9月，司法部制定的《人民调解工作若干规定》作为下位部门规章突破了上位行政法规的限定，将人民调解的组织形式扩展为“村居两委”、乡镇街道、企事业单位、区域性行业性组织四类主体设立的人民调解委员会。其中，“村居两委”和企事业单位的人民调解委员会根据需要，可以自然村、小区（楼院）、车间等为单位，设立调解小组，从而形成全覆盖的人民调解工作网络。2002年9月，中共中央办公厅、国务院办公厅《关于转发〈最高人民法院、司法部关于进一步加强新时期人民调解工作的意见〉的通知》，提出要适应新形势下化解民间纠纷及维护社会稳定的需要，“巩固、健全、发展多种形式的人民调解组织”。此后，国家出台一系列规范性文件，如《最高人民法院关于人民法院民事调解工作若干问题的规定》（2004年，后经2008年、2020年两次修正），《最高人民法院、司法部关于进一步加强新形势下人民调解工作的意见》（2007年），《最高人民法院关于建立健全诉讼与非诉讼相衔接的矛盾纠纷解决机制的若干意见》（2009年）等，这些文件尝试通过丰富人民调解的组织形式、扩展工作范围、提升调解协议效力、建立司法确认程序等方式使其重新焕发生机。

2010年《人民调解法》颁布，总结了人民调解的立法经验和制度实践，被誉为人民调解制度发展变迁的一座重要里程碑。这部法律坚持了人民调解的群众性、民间性、自治性的组织属性，进一步明确了人民调解协议具有法律约束力，并将实践中探索的“诉调对接”机制——人民调解协议司法确认制度写入法律。同时，为乡镇、街道以及社会团体或者其他组织根据需要设立人民调解委员会预留了制度空间。[①]

---

① 参见范愉：《〈中华人民共和国人民调解法〉评析》，载《法学家》2011年第2期。

2011 年，中央社会治安综合治理委员会牵头出台了《关于深入推进矛盾纠纷大调解工作的指导意见》，强化了政府对人民调解的推动。此后，2015 年第十八届中央全面深化改革领导小组第十七次会议审议通过的《关于完善矛盾纠纷多元化解机制的意见》和 2016 年最高人民法院出台的《关于人民法院进一步深化多元化纠纷解决机制改革的意见》都强调了人民调解在多元化纠纷解决机制中的地位。2016 年，司法部牵头制定了《关于推进行业性专业性人民调解工作的指导意见》，试图适应社会矛盾化解的迫切需要，将以医疗卫生、道路交通、劳动关系、物业管理等领域为重点的行业性、专业性人民调解建设向纵深推进。这意味着，传统人民调解已经难以应付转型时期的复杂纠纷形态，必须由新的调解组织进行功能替代。实践中，这些新型调解组织在严格意义上超出了人民调解的组织形式和组织特征，但由于缺乏法律上的组织依据，为获得合法性的构建基础，其又不得不借人民调解的外壳呈现，最典型的运作形式包括以下几类：

一是政府购买服务的“调解工作室”。2003 年以来，上海出现以首席调解员命名的个人调解工作室。其中最有影响力的是“李琴人民调解工作室”和“杨伯寿人民调解工作室”。从组织属性上讲，二者均不是群众性自治组织，也不是政府的下属机构，更不受政府的指导，而是非营利性的民间社团，具有较强的工作自主性，街道以“政府购买服务”的方式与“调解工作室平台”签约，交由其化解具有较强专业性的社会矛盾纠纷，其运作经费主要来源于“政府购买服务”。

二是商事调解。随着市场交往日益频繁，各类民间商事调解组织涌现，在投资、金融、证券期货、保险、电子商务、知识产权、国际贸易等领域提供商事调解服务。例如，中国国际贸易促进委员会调解中心、上海经贸商事调解中心等独立第三方商事调解机构，遵循国际通行的调解规则以专业化、职业化的模式运行，聘请资深专家和法律人士担任调解员，经费来自调解收费和捐赠，为国际、国内商事纠纷提供快捷、高效、经济、灵活的服务。

三是行业性、专业性调解。行业性、专业性调解以行业组织为依托，是针对特定类型纠纷设立的。随着中央“放、管、服”改革的推行，行业协会正在向自治性组织转化，这些行业性、专业性调解组织基本都有行业代表、专家等特定主体参与，由行政主管部门或法院负责建立并推动形成诉调对接、民间机制与行政机制的互动衔接。例如，2016 年，湖南省知识产权纠纷人民调解委员会由湖南省知识产权协会作为独立的第三方平台发起设立，并经司法行政部门备案，其调解员分别为来自知识产权行政机关、高校、中介机构、企业等不同性质部门的知识产权专家，专门解决知识产权领域纠纷，形成诉调对接、民间机制与行政机制的互动衔接。

四是法院附设调解。目前,我国很多基层法院都附设人民调解窗口或人民调解工作室、诉调对接中心,聘请特邀调解员或特邀调解组织,在立案前委派调解或者立案后委托调解。此类调解组织的产生、调解人员的选任、调解运作的模式均与传统人民调解不同,但仍被纳入人民调解的框架之中。

五是律师调解。在域外法治发达国家如美国、英国、日本等,律师已经成为调解市场发展的中坚力量。近年来,律师调解开始在我国受到重视。2006 年,山东省青岛市成立首家律师主导型的社会调解组织,该律师调解中心由律师担任调解员,主持涉外商事纠纷的调解、促进诉前和诉中和解。2017 年 9 月 30 日,最高人民法院、司法部联合印发了《关于开展律师调解试点工作的意见》,通过在法院、公共法律服务中心(站)、律师协会、律师事务所设立的调解工作室或调解中心,由律师作为中立调解人促成当事人协商解决纠纷。律师调解正成为发展我国社会调解的新力量。

显而易见,上述调解类型无论是在组织形式上还是在运作理念上都已经超出了人民调解所能涵盖的制度范畴,属于专业化、职业化的社会调解,有些与人民调解无偿服务的公共产品属性相去甚远。有学者从社会学视角把上述各种新型调解组织类型解读为"人民调解的社会化和再组织"。实际上,这种现象与其说是人民调解的"社会化和再组织",不如说是调解的"社会化";与其说是国家与社会之间的权力转移,不如说是国家把重点支持对象从传统调解转移到新型社会调解。

总之,在当前乃至今后很长一段时间内人民调解都不能也不应该摆脱"政府推动型"的依赖,作为过渡,应该构建政府推动型的人民调解与市场引导型的商事调解、行业调解并驾齐驱的多元调解机制。这并不是僵化、固守人民调解历史形成的组织属性,更为现实的原因是目前我国社会组织的治理能力和机制仍不完善,而"村居两委"调解的功能和地位都较为"羸弱"。实践证明,凡是党政力量高度重视的地方,人民调解的作用就发挥得好;凡是党政力量不重视的地方,人民调解就会陷入组织瘫痪,形同虚设。一个由"党委领导、政府负责、社会协同、公众参与"组成的纠纷解决组织在当下显然比一般性的人民调解组织更能"说话算数",党政权力支持调解可以利用其他调解组织所不具备的权力资源优势促成调解。①

二、法院调解制度的历史沿革

我国民事诉讼法所规定的法院调解制度发端于新民主主义革命时期,是对新

① 参见谢晖、陈金钊主持:《民间法》(第一卷),山东人民出版社 2002 年版,第 316 – 330 页。

民主主义革命时期以来司法工作成功经验的总结。著名的“马锡五审判方式”便是这一时期法院调解的典型。“马锡五审判方式”强调的是依靠群众、调查研究，实行审判与调解相结合，并将调解作为审理和解决民事纠纷的主要方式。在这一时期的法院调解中，有些地区提出过“调解为主、审判为辅”的八字方针，突出调解的重要性。

中华人民共和国成立后，我国民事审判工作继承和发扬了根据地人民司法工作的优良传统，仍然把调解作为审理民事案件的基本方法。1963 年，最高人民法院召开了第一次全国民事审判工作会议，会议总结了新民主主义革命时期的司法实践和中华人民共和国成立以来的审判工作经验，制定了《关于民事审判工作若干问题的意见》，明确了“调查研究，就地解决，调解为主”的民事审判工作十二字方针。1964 年又将该方针发展为“依靠群众、调查研究、调解为主、就地解决”的十六字方针。十六字方针的核心思想如下：一要有充分的群众观点，人民法院处理民事案件必须相信群众，这是党的群众路线在民事审判工作中的体现。二要进行调查研究，运用调查研究之方法弄清案件事实。三要人民法院尽量以说服教育的方法调解解决民事纠纷。

“文化大革命”期间，我国民事诉讼立法基本处于停滞状态，直至 1978 年，民事诉讼立法活动才进入了全面恢复和发展阶段。在此期间，1979 年 2 月最高人民法院发布的《人民法院审判民事案件程序制度的规定（试行）》（现已失效）中再一次明确规定：处理民事案件应坚持调解为主，凡是可以调解的，就不用判决，需要判决的，一般也要先进行调解。处理离婚案件，必须经过调解。调解要尽量就地进行。在当时的历史背景下，强调调解的做法适应了形势的需要，取得了很好的社会效果。

1982 年颁布了《民事诉讼法（试行）》（现已失效），在总结我国民事审判工作经验的基础上，改变了“调解为主”的提法，确立了“着重调解”的原则，即人民法院审理民事案件，应当着重调解，调解无效的，应当及时判决。《民事诉讼法（试行）》第 6 条规定：“人民法院审理民事案件，应当着重进行调解；调解无效的，应当及时判决。”从我国调解制度的历史发展来看，调解不仅是中华民族的优良传统，而且是解决纠纷的一种行之有效的方式，如果案件能够调解而当事人也愿意调解的，人民法院应当尽量用调解方式结案。因此，立法规定应当“着重调解”在当时是正确的，一是调解省事、省时，有利于生产、有利于工作；二是当事人可以增进团结；三是比较彻底地解决纠纷，简化诉讼程序。但在《民事诉讼法（试行）》施行过程中，出现了强制调解、变相调解等问题，违背了立法的初衷。

随着市场经济发展和人们观念的更新,科学地表述调解与判决的关系非常必要,针对调解制度在司法实务中遇到的挑战和质疑,1991 年《民事诉讼法》颁布,将调解前移至总则中,并由“一节变为一章”。鉴于 1982 年试行法中的“着重调解”原则仍突出调解较判决更为优越的地位,加之“着重调解”这一提法缺乏科学性,《民事诉讼法》将“着重调解”原则改为“自愿、合法调解”原则,即人民法院审理民事案件,应当根据自愿和合法的原则进行调解,调解不成的应当及时判决。时任全国人大常委会副委员长、全国人大法律委员会主任委员王汉斌同志在修改《民事诉讼法(试行)》草案的说明中指出,人民法院的主要职责是进行审判,在审理民事案件过程中应重视调解。王汉斌委员强调:第一,调解应当遵循自愿原则,不得强迫达成调解协议;第二,应当在事实清楚的基础上进行调解;第三,调解未达成协议的或者调解书送达前一方反悔的,人民法院应当及时判决,防止那种违背当事人意愿,强行调解等不适当的做法。至此,法院调解正式以法律的方式融入民事审判程序之中。

为了完善调解制度,使调解制度在司法实践中切实得到贯彻施行,发挥其应有的作用,2002 年以后,一些司法政策性的规定相继出台。2003 年最高人民法院通过的《关于适用简易程序审理民事案件的若干规定》中,对应当先行调解的案件作出了明确的规定。2004 年最高人民法院通过的《关于人民法院民事调解工作若干问题的规定》,经 2008 年、2020 年最高人民法院对该规定进行两次修正,对法院调解制度的地位、价值,以及有关调解的程序等具体制度作出了明确的规定,使我国法院调解制度日臻完善。

三、行政调解制度的历史沿革

我国现行行政调解制度发轫于革命根据地时期,当时的边区政府积极倡导和推行民事纠纷的调解工作,颁布了大量的调解法规,行政调解得到高度重视。边区政府在给各专员、县长、高等法院分庭庭长、县司法处处长的《关于普及调解、总结判例、清理监所指示信》中写道:“各级政府尤其是乡政府、区政府,不仅应接受人民调解的请求,而且要去找寻(派人去调解、指定双方当事人的邻友调解、工作人员下乡,遇到事就应调解)或调来调解……不过县府调解,还不如区乡,一则老百姓免多走路,二则区乡政府知道情况要多,所以区乡政府更要把调解看作是自己的一件主要工作。”

中华人民共和国成立后,制度化的行政调解运用于劳动纠纷和婚姻家庭纠纷领域。1949 年,中华全国总工会就颁布了《关于劳资关系暂行处理办法》,根据该办法第 27 条,如果劳资双方发生的纠纷无法由“该业工会与同业公会”所派出的代表协商解决,则任何一方当事人都可以申请由当地的劳动局进行调解。这种调解就是针对劳动纠纷的行政调解。1950 年,中央人民政府颁布《婚姻法》,其中第 17 条明确规定,人民政府和司法机关的调解是夫妻离婚的必经程序。1950 年 11 月,劳动部公布《关于劳动争议解决程序的规定》,对劳动争议调解程序进一步加以明确。其后,我国进一步建立了合同纠纷行政调解制度,包括各级经济委员会、工商行政管理部门、基本建设委员会以及各级业务主管部门都有权对合同纠纷进行调解,这种“多头调解”的模式在 1983 年《经济合同仲裁条例》(现已失效)颁行之后得到了改变,合同纠纷的调解由国家和地方各级工商行政管理部门设立的经济合同仲裁委员会统一开展。1997 年 11 月 3 日,《合同争议行政调解办法》经国家工商行政管理局局务会议审议通过并开始施行,该部门规章是迄今唯一一部适用于全国的行政调解专门立法。① 地方对行政调解也有零星的尝试,例如,1996 年 1 月 24 日发布的《新疆维吾尔自治区著作权纠纷行政调解办法》(新权字〔1996〕3 号)便是自治区版权局受理辖区内著作权纠纷行政调解的规范性文件。

随着计划经济体制向市场经济体制转型,我国早已告别了无法可依的时代,从改革开放到中央提出构建大调解工作体系之前,行政调解规范出现在大量的法律、行政法规和部门规章当中。例如,《商业经济纠纷调解试行办法》(商业部于 1989 年 11 月 23 日公布),《民间纠纷处理办法》(司法部于 1990 年 4 月 19 日公布),《婚姻法》(第九届全国人大常委会第二十一次会议于 2001 年 4 月 28 日修正),《医疗事故处理条例》(国务院第 55 次常务会议于 2002 年 2 月 20 日通过),《农村土地承包法》(第九届全国人大常委会第二十九次会议于 2002 年 8 月 29 日通过),《道路交通安全法》(第十届全国人大常委会第五次会议于 2003 年 10 月 28 日通过),《电力争议调解暂行办法》(现已废止)(国家电力监管委员会主席办公会议于 2005 年 3 月 28 日通过),《治安管理处罚法》(第十届全国人大常委会第十七次会议于 2005 年 8 月 28 日通过)等。

从上述文件的制定发布主体来看,它们之间的效力位阶不尽相同,有的是针对某一行业领域纠纷进行行政调解的规范,如《医疗事故处理条例》和《电力争议调解暂行办法》;有的则将适用范围扩展到一般民事纠纷与民间纠纷,如《民间纠纷处理办法》;有的可以适用于全国范围,有的则仅仅适用于农村地区。与此同时,各地也制定了不少规范性文件,如《北京市工商行政管理机关合同争议行政调解程序(试行)》等。

① 现已被 2017 年 10 月 27 日发布和实施的《国家工商行政管理总局关于废止和修改部分规章的决定》所废止。

2006年10月,党的十六届六中全会通过的《中共中央关于构建社会主义和谐社会若干重大问题的决定》明确指出要"实现人民调解、行政调解、司法调解有机结合",中共中央办公厅、国务院办公厅发布《关于预防和化解行政争议、健全行政争议解决机制的意见》特别提出要注重运用调解手段化解行政争议。同年11月,"大调解工作体系"概念首次被提出,行政调解方开始作为三大调解之一为国家所大力倡导,并进一步规范起来。2007年颁布的《行政复议法实施条例》第50条规定:"有下列情形之一的,行政复议机关可以按照自愿、合法的原则进行调解:(一)公民、法人或者其他组织对行政机关行使法律、法规规定的自由裁量权作出的具体行政行为不服申请行政复议的;(二)当事人之间的行政赔偿或者行政补偿纠纷。当事人经调解达成协议的,行政复议机关应当制作行政复议调解书……"2019年中共中央办公厅、国务院办公厅印发的《关于健全行政裁决制度加强行政裁决工作的意见》明确,行政机关裁决民事纠纷应当先行调解,可以通过建议、辅导、规劝等方式,也可以通过提供事实调查结果、专业鉴定或者法律意见等,推动当事人通过协商解决纠纷。当事人经调解达成协议的,由行政机关制作调解协议书;经调解不能达成协议的,行政机关应当及时作出裁决。此外,为了完善矛盾纠纷多元化解决机制,各地方政府也先后出台规范行政调解的地方性法规,如《湖南省行政程序规定》(2008年施行,2018年修正)、《宁波市行政调解工作暂行规定》(2013年)、《南宁市行政调解办法》(2014年)、《宁夏回族自治区行政程序规定》(2015年)等。自此,行政调解在新的历史时期翻开了崭新的一页。

第三章 诉讼调解

第一节 诉讼调解的概念、特征和历史沿革

一、诉讼调解的概念与特征

（一）诉讼调解的概念

诉讼调解，又称法院调解，是指在人民法院审判人员的主持下，双方当事人就他们之间发生的民事权益争议，通过自愿、平等地协商，互谅互让，达成协议，解决纠纷的诉讼活动。与其他的调解类型不同，诉讼调解是发生在诉讼程序中，由法院审判人员主持，当事人根据自愿，经过相互协商，合意解决纠纷的方式。诉讼调解是富有中国特色的一项纠纷解决制度，法官不仅是参与者，而且是主持者。

（二）诉讼调解的特征

1. 诉讼调解是在法院审判人员的主持下，当事人相互协商解决纠纷的诉讼活动

与“谈判（和解）”的纠纷处理方式相比较，调解具有由第三方作为中立者从中协调、帮助、劝导纠纷双方协商解决争议的共同特征。在调解内部，与其他调解类型不同的是，诉讼调解中居中协调、帮助、劝导的第三人是特定的人员，即人民法院这一司法机关中的审判人员。

根据我国人民法院的司法传统和《民事诉讼法》的规定，法院审判人员有权对民事诉讼当事人之间的纠纷进行调解，即以说服、教育的方式劝导、协助当事人协商解决争议。说服教育时主要以法律规范为根据，辅之以道德规范、习惯、情理等，公平合理地主持当事人协商。

2. 诉讼调解贯穿于民事诉讼程序的全过程

人民法院根据审理民事案件的需要，根据案件的具体情况，能够调解的随时都可以进行调解。从案件的立案阶段、审理前的准备阶段、开庭审理阶段，直至法院宣判之前，调解都可以进行。

3. 诉讼调解是人民法院审理民事案件,解决民事纠纷的一种结案方式

判决并非民事争议诉讼的唯一结果,法院虽然是国家设立的行使审判权的机关,但是并不排除在审判过程中,在法院审判人员的主持、帮助、协调下,当事人协商解决纠纷,使诉讼程序结束。在我国法院的诉讼程序中,法官有权对当事人之间的争议进行调解,调解是我国民事诉讼法规定的一种制度、一种终结案件审理的方式。

4. 诉讼调解是法院行使职权与当事人行使权利相结合的行为与结果

调解是法院行使职权的行为,还是当事人行使处分权、双方合意解决争议的行为与结果。这个问题在我国民事诉讼法学发展的历史上有不同的认识,以往传统的观念认为调解是法院行使审判权的一种方式,强调的是法院的职权,忽视了当事人双方合意的性质。20 世纪 90 年代以后,民事诉讼法学界越来越多的学者意识到并提出调解不应当仅视为法院行使审判权的行为,也应当看到和承认调解是当事人双方在诉讼中合意解决争议的行为。现在一般认为,在我国,诉讼调解是法院行使职权与当事人行使权利相结合的行为与结果。①

二、诉讼调解的历史沿革

我国诉讼调解的发展历程,从新民主主义革命时期开始至今,可以大体上划分为三个阶段:"调解为主、判决为辅"阶段;"着重调解,判决补充"阶段,"调判并重"阶段。

(一)"调解为主、判决为辅"阶段

我国的诉讼调解肇始于我国新民主主义革命时期。法官积极主动地对当事人说服教育、耐心劝导,促使当事人就纠纷的解决达成协议,在抗日民主政权时期和解放战争时期成为根据地法院和解放区法院处理民事纠纷的主要方式。和平地解决纠纷,避免了民事纠纷发生的矛盾激化,加强了民族团结和人民内部的团结,有利于团结各方面的力量对敌斗争,在特定的历史环境中这些优势使法院调解得以扩张适用。

当时,在提倡审判与调解相结合的"马锡五审判方式"的基础上,提出了"调解为主、审判为辅"的司法方针。但是,由于"调解为主、审判为辅"方针具有片面性,造成了一些不良后果,1945 年陕甘宁边区高等法院作了纠正,此后,边区的民事审判工作只提倡"调解为主",不再提倡"审判为辅"。解放战争时期,各解放区法院继承和发扬了老解放区的走群众路线的审判方式,法院调解制度得到继承与发扬。

① 参见邱星美、王秋兰:《调解法学》,厦门大学出版社 2008 年版,第 110－111 页。

中华人民共和国成立后,我国的民事审判工作继承和发扬了革命时期的优良传统,依然把调解作为审理民事案件的基本方法,调解继续在新中国的民事法制建设中发挥重要作用。同时,为处理好调解与审判的关系,对调解工作中一些过分的做法,通过1950年第一届全国司法工作会议,做了一些纠正的工作。1963年最高人民法院召开了第一次全国民事审判工作会议,明确了"调查研究,就地解决,调解为主"的民事审判工作十二字方针。1964年民事审判工作的方针又进一步发展为"依靠群众、调查研究、调解为主、就地解决"的十六字方针。调解在审判中继续受到重视,继续得到强调。

可以说,在这一阶段,在司法系统内形成了以法院调解为主的民事审判模式。法院全面贯彻调解精神,尽量调解。

在这一时期,"调解为主、判决为辅"模式的形成,主要基于以下两个原因:其一,立法的缺乏和滞后。其二,受国际大环境的影响。自新民主主义革命时期到1982年《民事诉讼法(试行)》颁布之前,我国民事诉讼法律制度基本上照搬苏联民事诉讼模式,即以党的政策为主导、以调解为主、推行群众司法。在这样的历史文化背景下,调解与判决的关系自然是以调解为主,判决为辅。

(二)"着重调解,判决补充"阶段

"着重调解,判决补充"阶段主要是指从1982年颁布《民事诉讼法(试行)》到1991年正式颁布《民事诉讼法》这一时期。

"文化大革命"曾经使法院正常的审判工作一度中断,"文化大革命"结束以后,我国人民法院恢复正常工作,民事审判工作中仍然坚持调解为主的审判方针。但是"调解为主"的政策使一些法院将调解率作为考核审判人员的重要指标,导致实践中出现不够尊重当事人意愿,强制调解,久调不决的现象。理论界也有越来越多的学者认为法院是国家审判机关,审判机关应当以审判工作为主要工作,"调解为主"就意味着审判为辅,这种方针与行使国家审判权的法院的性质有矛盾。实践中出现的弊端和理论上的不同观点,使立法者对调解在诉讼中的特殊地位重新审度、定位。因此,1982年我国制定颁布的《民事诉讼法(试行)》第6条规定:"人民法院审理民事案件,应当着重进行调解,调解无效的,应当及时判决。"

"着重调解"的用语虽然与"调解为主、审判为辅""调解为主"的用语有了些微不同,但是并没有多少本质上的区别,在人们的意识中,在法院的工作传统上,对调解仍然情有独钟,在法院审理案件的过程中过度注重调解造成的偏差仍然不能克服。1982年《民事诉讼法(试行)》将"调解为主"改为"着重调解",原因在于,当时正处于改革开放初期,民事纠纷比较简单(婚姻家庭、借贷等纠纷),调解还没有失去社会基础；同时，人们的法治观念淡薄，法治建设还没有向纵深发展；法官的专业素质有待进一步提高，民事审判不适合强调以判决为主。

（三）“调判并重”阶段

“调判并重”阶段，即1991年正式颁布《民事诉讼法》到目前为止的这段时期。

1991年《民事诉讼法》第9条规定：“人民法院审理民事案件，应当根据自愿和合法的原则进行调解；调解不成的，应当及时判决。”这一规定在一定程度上解决了强迫调解、片面追求调解、违法调解以及久调不决等弊端，明确了调解与判决之间的关系。调解和判决均是人民法院的结案方式，当事人能够达成调解协议的应调解结案，否则应当及时以判决的方式结案，调解与判决的关系乃是并列的，没有孰轻孰重之分。

此后，理论界和实务界对法院调解制度中存在的问题展开了全方位的分析、批评，并且提出了各式各样的改革方案，促使我国法院诉讼调解制度逐渐完善。

最高人民法院2002年9月16日颁布的《关于审理涉及人民调解协议的民事案件的若干规定》（已失效）中首次确认了人民调解协议的“民事合同”的效力。2004年9月，最高人民法院制定了《关于人民法院民事调解工作若干问题的规定》。2006年10月，最高人民法院规定了新时期司法调解工作的三个目标：案结事了、胜败皆服、定分止争。2006年11月，全国政法工作会议提出，必须要构建人民调解、行政调解和司法调解的大调解工作体系。2007年1月，《最高人民法院关于为构建社会主义和谐社会提供司法保障的若干意见》指出：“强化诉讼调解，完善多元化纠纷解决机制”，提出了“能调则调、当判则判、调判结合、案结事了”的十六字原则。2007年3月，《最高人民法院关于进一步发挥诉讼调解在构建社会主义和谐社会中积极作用的若干意见》总结各地经验，提出了“充分发挥各级人民法院诉讼调解工作的主动性和积极性……创造性地开展诉讼调解工作”的要求。2009年3月9日，最高人民法院公布了《人民法院第三个五年改革纲要（2009—2013）》，提出要“建立健全多元纠纷解决机制。按照‘党委领导、政府支持、多方参与、司法推动’的多元纠纷解决机制的要求……加强诉前调解与诉讼调解之间的有效衔接，完善多元纠纷解决方式之间的协调机制，健全诉讼与非诉讼相衔接的矛盾纠纷调处机制”。2009年7月召开的全国法院调解工作经验交流会要求全面理解“调解优先、调判结合”的原则，推动人民法院调解工作的新发展。2009年7月，最高人民法院经过中央批准，公布了《关于建立健全诉讼与非诉讼相衔接的矛盾纠纷解决机制的若干意见》，鼓励行政机关、社会组织、企事业单位以及其他各方面的力量积极参与纠纷解决，完善诉讼活动中多方参与的调解机制。2010年6月，最高人民法院印发《关于进一步贯彻“调解优先、调判结合”工作原则的若干意见》，提出将调解、和解及协调案件的范围进一步扩展，从民事案件逐步扩展到行政案件、刑事自诉案件、轻微刑事案件、刑事附带民事案件、国家赔偿案件和执行案件。2011 年 4 月，中央社会治安综合治理委员会、最高人民法院、最高人民检察院、国务院法制办公室、公安部等 16 个中央部门联合印发的《关于深入推进矛盾纠纷大调解工作的指导意见》指出，“坚持调解优先，依法调解，充分发挥人民调解、行政调解、司法调解的作用”。人民法院应当重点推动一般民事案件、轻微刑事案件通过调解等方式实现案结事了，拓展司法调解工作范围，建立完善法院与职能部门在调解、仲裁、执行等工作环节中的联动机制。推动人民调解、行政调解等各类工作机制的发展与完善。加强调解员队伍建设，吸纳行政职能部门、人民调解组织及其他具有调解职能的组织和人员、人大代表、政协委员等参与司法调解工作，采取驻法院（庭）人民调解室调解涉诉纠纷措施解决民事纠纷。

纵观我国诉讼调解制度的发展历程，诉讼调解一直是我国解决民事纠纷的重要方式，其随着时代发展几经变更，但始终坚持以人为本、兼顾效率和公平、努力实现当事人意志与法律规定相协调的价值追求，在人民法院调解制度转型升级的道路上，当事人得以通过高效、快捷的方式化解纠纷，便利维权，减轻诉累，由此获得多元化、多层次的优质法律服务。未来，人民法院调解制度仍将在民事审判实践中发挥积极而重要的作用，对促进实现法律效果与社会效果的统一，健全矛盾纠纷多元化解决机制，增强司法服务能力，更好地服务我国新时代社会经济的稳定和发展具有重要意义。

第二节 诉讼调解程序

诉讼调解虽然是在法院的主持下由双方当事人相互协商解决争议，但也应当遵循一定的程序规范。根据我国《民事诉讼法》的规定和最高人民法院的司法解释，诉讼调解的过程与案件的审理过程是融合在一起的，在我国的民事诉讼中，调解不是独立的程序。调解贯穿于案件审理程序的始终，即在诉讼过程中，法院可以在适宜的时机组织当事人进行调解。法院调解的程序可以分为开始（启动）、进行和结束三个阶段。

一、诉讼调解的开始（启动）

诉讼调解的开始（启动）有两种方式：一种是依当事人申请开始调解，另一种是人民法院依职权征得当事人同意后进行调解。

(一)当事人申请

我国《民事诉讼法》第52条第1款规定:“当事人有权委托代理人,提出回避申请,收集、提供证据,进行辩论,请求调解,提起上诉,申请执行。”由此可见,当事人有权申请法院调解,即诉讼调解程序的开始可以因当事人申请而开始。如果一方当事人申请调解,另一方当事人不同意调解,则法院不得强制。

(二)人民法院依职权征得当事人同意后进行调解

《最高人民法院关于适用〈中华人民共和国民事诉讼法〉的解释》第142条规定:“人民法院受理案件后,经审查,认为法律关系明确、事实清楚,在征得当事人双方同意后,可以径行调解。”根据我国人民法院的司法传统和诉讼观念,大多数情况下法院都会建议当事人调解解决争议。法院在诉讼程序进行中主动向当事人提出建议,这是调解程序启动经常适用的方式。

需要注意的是,对于离婚案件等法律规定必须调解的案件,不管当事人是否申请,法院都应当进行调解。

实践中,并非只要有一方当事人表示不愿意调解,法官便一概不进行调解。有时候当事人拒绝调解,并非出于真实的本意,而是基于一时的感情气愤、情绪对立。此时,法官可以进行“冷处理”,或者择机进行说服、教育,缩短当事人的心理距离,融洽当事人的人际关系,待时机成熟时征得当事人的同意后,再进行调解工作。

二、诉讼调解的进行

(一)调解的时间

调解贯穿民事诉讼的始终,也就是说,民事案件在诉讼进行的整个阶段都可以进行调解,包括立案之后、判决之前的审前准备阶段,法庭审理中以及开庭之后,随时都可以调解。

(二)调解的地点

调解可以在法院内进行,但是应尽可能就地进行,包括当事人所在地和纠纷发生地。如相邻关系纠纷,就更适合在纠纷发生地进行调解,如此既能化解纠纷,又能普及法律知识,教育周围群众。

(三)调解思路的确立

人民法院在调解时应当做好调解前的准备,确立调解思路或调解方案。在审查起诉状、答辩状和证据材料的基础上,弄清双方当事人的争议热点,预判、征询当事人双方是否愿意接受调解,确定是否邀请有关单位或个人参加调解,以及进行必要的收集调查证据，掌握全部案情及有关情况，以便有针对性地展开调解工作。

（四）通知当事人

人民法院调解案件时，当事人应当出庭。通知当事人出庭参加调解的方式可以包括书面、电话、口头等简便方式。如果当事人不出庭，可以由获得特别委托授权的代理人出庭参加调解。对于离婚案件进行调解，当事人确实不能出庭的，除本人不能表达意志的以外，都应当出具书面意见，说明自己的主张。

（五）告知当事人权利义务，宣布调解规则

《最高人民法院关于人民法院民事调解工作若干问题的规定》第3条规定："人民法院应当在调解前告知当事人主持调解人员和书记员姓名以及是否申请回避等有关诉讼权利和诉讼义务。"

人民法院的审判人员应当在调解开始时书面或口头告知当事人诉讼调解的性质、原则和效力，以及当事人在调解过程享有的权利和承担的义务，尤其要询问当事人是否申请回避。要告知当事人调解的规则和程序，宣布应当遵守的纪律和相关注意事项。

（六）双方当事人陈述事实和主张

在双方当事人都同意调解，且明确表示已经知晓调解过程中的权利义务后，调解人员应当组织双方当事人进行陈述（具体包括：案件事实的发生经过、相关证据、当事人的具体主张），引导双方当事人就纠纷事实和责任的认定交换意见。调解人员可以依据有关法律、法规和政策规定，对双方当事人进行说服、教育和疏导，促使双方在分清责任、协商一致的基础上达成协议。在此过程中，调解人员必须发挥对调解过程的主导作用，并保持公正无偏。

（七）运用各种方法进行调解

《最高人民法院关于人民法院民事调解工作若干问题的规定》第5条规定："当事人申请不公开进行调解的，人民法院应当准许。调解时当事人各方应当同时在场，根据需要也可以对当事人分别作调解工作。"

双方当事人陈述自己的主张和处理意见后，主持调解的审判人员应当找准双方争议焦点，根据当事人的特点和纠纷性质、难易程度、发展变化的情况，采取公开或不公开方式，通过背靠背、面对面、情理法结合等多种方法，开展耐心、细致的说服、教育、疏导工作，促使双方当消除对立情绪，互谅互让，实现感情的平复和利益的平衡。

（八）提出调解方案

《最高人民法院关于人民法院民事调解工作若干问题的规定》第6条规定："当事人可以自行提出调解方案，主持调解的人员也可以提出调解方案供当事人协商时参考。”

调解过程中，双方当事人都有权提出调解方案供谈判、协商。法院也有权提出调解方案供当事人参考，根据自愿原则，法院提出的调解方案仅供当事人参考，不得强迫或变相强迫当事人接受，法官不应当作出任何暗示，诱使或迫使当事人接受调解方案。

三、诉讼调解的结束

（一）经过调解，当事人之间达成协议

一般情况下，法院根据协议内容制作调解书，调解书生效后，诉讼程序结束。

《民事诉讼法》第100条规定：“调解达成协议，人民法院应当制作调解书。调解书应当写明诉讼请求、案件的事实和调解结果。调解书由审判人员、书记员署名，加盖人民法院印章，送达双方当事人。调解书经双方当事人签收后，即具有法律效力。”第101条规定：“下列案件调解达成协议，人民法院可以不制作调解书：（一）调解和好的离婚案件；（二）调解维持收养关系的案件；（三）能够即时履行的案件；（四）其他不需要制作调解书的案件。对不需要制作调解书的协议，应当记入笔录，由双方当事人、审判人员、书记员签名或者盖章后，即具有法律效力。”第179条规定：“第二审人民法院审理上诉案件，可以进行调解。调解达成协议，应当制作调解书，由审判人员、书记员署名，加盖人民法院印章。调解书送达后，原审人民法院的判决即视为撤销。”

（二）虽然经过调解，但当事人最终未达成协议或者在调解书送达前反悔

当事人一方或双方不同意调解方案，不愿继续进行调解，或者在调解书生效前反悔的，根据自愿原则，法院不得对当事人进行强迫，也不得久调不决。此时，调解结束，法院继续审理，依法作出裁判。

《民事诉讼法》第102条规定：“调解未达成协议或者调解书送达前一方反悔的，人民法院应当及时判决。”

第三节　法院特邀调解制度

一、特邀调解概述

（一）特邀调解的概念

在我国，根据相关司法解释，特邀调解是指人民法院吸纳符合条件的人民调

解、行政调解、商事调解、行业调解等调解组织或者个人成为特邀调解组织或者特邀调解员，接受人民法院立案前委派或者立案后委托依法进行调解，促使当事人在平等协商基础上达成调解协议、解决纠纷的一种调解活动。[①]

(二)特邀调解的原则

根据《最高人民法院关于人民法院特邀调解的规定》第2条的规定，特邀调解应当遵循以下原则：

1. 当事人平等自愿

根据平等原则，纠纷的当事人在调解过程中享有平等的法律地位，任何一方均不因性别、年龄、种族、职业和社会地位等享有特权。在特邀调解的过程中，双方当事人平等地行使权利和平等地履行自身义务。

自愿原则体现在特邀调解从启动到结束的整个过程。首先，当事人有自愿接受或者不接受特邀调解的权利，任何单位或者个人不得强迫或变相强迫。其次，特邀调解员的人数确定也体现了当事人自愿的原则。例如，特邀调解一般应由一名调解员主持，但当事人提出要求两名以上调解员共同主持的，可以由两名以上调解员参加。特邀调解员一般也应由双方当事人协商确定。再次，调解地点的确定也体现了自愿原则，双方当事人可以申请选择除人民法院和调解组织所在地以外的其他适合纠纷解决的地点进行调解。最后，当事人对于实体权利义务的处分也必须出于自愿。调解协议应当自愿达成，调解员在此过程中不得强迫任何一方达成调解协议。

2. 尊重当事人诉讼权利

特邀调解的适用要审慎地选择案件，对于不适宜调解的案件不得纳入特邀程序，对于当事人抵触通过特邀调解方式解决的案件不得强制纳入特邀调解程序。

尊重当事人诉讼权利体现在以下两方面：一是在符合人民法院管辖的纠纷类型、属于受理诉讼人民法院的管辖范围、有明确的原被告的基础上，当事人坚持立案时必须立案。二是在符合上述条件的情况下，人民法院必须毫不迟延地对纠纷进行立案审理，不得拖延。

3. 不违反法律、法规的禁止性规定

不得违反法律、法规的禁止性规定是所有民事合同和调解活动所需要共同服从的原则，作为经人民法院委派或委托进行的特殊调解活动，特邀调解更应该遵循。不管是达成的调解协议还是调解活动本身，都不得违背这一原则。

---

① 参见《最高人民法院关于人民法院特邀调解的规定》(法释〔2016〕14号)第1条。

4. 不损害国家利益、社会公共利益和他人合法权益

在调解过程中,往往没有个人或者组织专门维护国家利益和社会公共利益,为了促成调解,尽快督促当事人达成调解合意,部分特邀调解员由于缺乏系统的法律知识,不能尽快有效地分析到是否侵害了国家利益或者社会公共利益而盲目调解。另外,纠纷产生的背后可能隐藏着纷乱复杂的法律关系,而在矛盾集中爆发时,并非所有利害关系人都在场。此时若追求快速地消除纠纷、息事宁人,则有可能损害其他利害关系人的合法权益。这样的调解会导致"欲速则不达"的后果,使社会纠纷更加复杂和隐性。

所以,在特邀调解过程中,调解员应予以特别注意,不能以牺牲国家利益、社会公共利益或者他人合法权益为代价,一味盲目地追求达成调解协议。

5. 保密原则

正因为调解活动具有保密性,当事人才会在证据之外,放下心中的种种顾虑,对调解员建立信任,给调解员讲述纠纷产生的真实过程,甚至向调解员透露底线。

在特邀调解中,该原则的运用主要体现在三个方面:第一,调解过程不公开,但当事人要求或者同意公开的除外。这与诉讼中的审判公开形成鲜明对比。第二,调解协议的内容不公开。由于司法公开的力度在逐渐加大,很多当事人出于各种考虑,不愿将与他人产生的纠纷曝露在公众视野之中,才选择达成调解协议的方式来解决矛盾。第三,在调解过程中知晓的一切信息,除法律规定的应当公开的以外,主持、参加调解的组织和人员均有保密的义务。

(三)特邀调解的意义

1. 特邀调解为解决纠纷开辟了新的路径,有助于多元纠纷解决机制的建立

面对社会矛盾和纠纷的主体和内容多样化、成因复杂化的特点,特邀调解作为非诉纠纷解决途径应运而生,其可以与诉讼解决方式进行有效的衔接,弥补诉讼解决方式的单一性和不足之处,为人民群众解决纠纷开辟新的途径,满足人民群众多元化的纠纷解决需求。

2. 特邀调解制度能够整合社会资源、分流纠纷,减轻人民法院负担

特邀调解制度将人民调解组织、行政调解组织、商事调解组织、行业调解组织或者其他具有调解职能的组织,以及人大代表、专家学者、律师及法律工作者、退休法官等具备调解能力的公民等社会解决纠纷资源有效地整合到该制度内,使他们在该制度内发挥自身专业优势,以促进纠纷的有效解决。在该制度下人民法院将适宜的案件引入特邀调解程序中,在诉前委派或者诉中委托特邀调解员和特邀调解组织对案件进行调解,对形成的调解协议进行司法确认等。如此一来,就可以帮

助法院分流和化解部分纠纷,有效地减轻法院的办案压力。

3. 特邀调解制度能够节约当事人的维权成本

从特邀调解的实践来看,它减轻了当事人的维权成本。首先,特邀调解程序较为便捷,调解规定的期限较短,可以为双方当事人节约大量的诉讼时间,使双方的争议在短时间内得以解决。如我国法律中明确规定,除非双方当事人同意延长调解期限,否则人民法院委派调解的案件,调解期限限制在30日内。人民法院委托调解的案件,适用普通程序的调解期限为15日,适用简易程序的调解期限为7日。其次,特邀调解程序有助于为双方当事人节约一定的诉讼成本。最后,相对诉讼必须争出输赢和高低对错,调解可以通过平等协商,以达成双方共赢的调解协议,符合我国传统"以和为贵"的理念,可以避免以后更多纠纷的发生。①

二、特邀调解的主体和客体

(一)特邀调解的主体

1. 主体范围

根据《最高人民法院关于人民法院特邀调解的规定》中的相关规定,特邀调解的主体包括组织和个人两种形式:特邀调解组织指人民法院吸纳的符合条件的人民调解、行政调解、商事调解、行业调解等调解组织,特邀调解员指人民法院吸纳的符合条件的人大代表、政协委员、人民陪审员、专家学者、律师、仲裁员、退休法律工作者等个人。

人民法院开展特邀调解工作应当建立特邀调解组织和特邀调解员名册。建立名册的法院应当为入册的特邀调解组织或者特邀调解员颁发证书,并对名册进行管理。上级法院建立的名册,下级法院可以使用。

依法成立的人民调解、行政调解、商事调解、行业调解及其他具有调解职能的组织,可以申请加入特邀调解组织名册。品行良好、公道正派、热心调解工作并具有一定沟通协调能力的个人可以申请加入特邀调解员名册。人民法院可以邀请符合条件的调解组织加入特邀调解组织名册,可以邀请符合条件的个人加入特邀调解员名册。特邀调解组织应当推荐本组织中适合从事特邀调解工作的调解员加入名册,并在名册中列明;在名册中列明的调解员,视为人民法院特邀调解员。

特邀调解员在入册前和任职期间,应当接受人民法院组织的业务培训。

---

① 参见孙建荣、毕海东:《我国特邀调解制度研究》,载《山西省政法管理干部学院学报》2017年第1期。

人民法院应当在诉讼服务中心等场所提供特邀调解组织和特邀调解员名册，并在法院公示栏、官方网站等平台公开名册信息，方便当事人查询。

2. 特邀调解员的确定方式

双方当事人应当在名册中协商确定特邀调解员；协商不成的，由特邀调解组织或者人民法院指定。当事人不同意指定的，视为不同意调解。

特邀调解一般由一名调解员进行。对于重大、疑难、复杂或者当事人要求由两名以上调解员共同调解的案件，可以由两名以上调解员调解，并由特邀调解组织或者人民法院指定一名调解员主持。当事人有正当理由的，可以申请更换特邀调解员。

（二）特邀调解的客体

《最高人民法院关于人民法院特邀调解的规定》第 11 条第 1 款规定："对适宜调解的纠纷，登记立案前，人民法院可以经当事人同意委派给特邀调解组织或者特邀调解员进行调解；登记立案后或者在审理过程中，可以委托给特邀调解组织或者特邀调解员进行调解。"

具体而言，《最高人民法院关于人民法院进一步深化多元化纠纷解决机制改革的意见》第 27 条规定："……有条件的基层人民法院对家事纠纷、相邻关系、小额债务、消费者权益保护、交通事故、医疗纠纷、物业管理等适宜调解的纠纷，在征求当事人意愿的基础上，引导当事人在登记立案前由特邀调解组织或者特邀调解员先行调解。"此处规定的纠纷类型都是适宜先行调解的，属于诉前调解类型。而立案登记后当事人的纠纷都已进入诉讼程序中，除了禁止适用调解的案件类型，其余的只要双方当事人同意且法院准许，都可以进入特邀调解程序。

三、特邀调解的类型

特邀调解可以分为立案前委派调解和立案后委托调解两种类型。

委派调解是指在当事人产生纠纷，将案件提交给人民法院，法院在进行立案时认为该纠纷符合适用特邀调解程序时，通过询问当事人并在尊重当事人意思自治的前提下，将案件交由特邀调解员或者特邀调解组织来进行纠纷解决的程序。委托调解则是在法院立案后，经过双方当事人的合意，将案件交由特邀调解员或者特邀调解组织进行纠纷解决的程序。

在主体条件方面，委派调解和委托调解都是一致的，但两者在性质方面、各自程序的启动时间方面以及调解协议的效力等方面存在较大的区别。

（一）性质不同

特邀委派调解是在纠纷登记立案前进行的调解活动，是一种诉前调解，具有非诉调解的性质。特邀委托调解是在登记立案后,审理过程中开展,属于诉中调解,具有准司法调解性质。

(二)法院的职责和影响不同

特邀委派调解是一种非诉调解,并未进入诉讼程序中,法院相当于是特邀调解主体与纠纷当事人的中介,是一道桥梁,法院对调解组织或调解员进行业务上的指导和监督,但对调解过程无权干涉。因此,调解主体进行调解时相对受限较少。特邀委托调解中的案件本身就处于审理过程,调解的进程快慢以及调解的质量高低都会对诉讼程序产生影响,假若调解不成功,诉讼程序将要继续进行。诉讼中进行调解的本意就是为了减少诉讼成本,避免资源浪费,以最小的代价使纠纷得以解决。因此,特邀调解组织或个人甚至法院的调解员的调解行为会受到法院的影响,以达到快速促成调解的目的。

(三)调解期限不同

一般情况下,特邀委派调解案件的调解期限为 30 日,特邀委托调解案件中适用普通程序的调解期限为 15 日,适用简易程序的则为 7 日。双方当事人同意延长调解期限的,则不受此限,特邀委托调解中延长的调解期限不计入审理期限。

(四)调解协议的生效时间和效力不同

特邀委派调解达成调解协议后,特邀调解员应当将其送达调解双方,并报法院备案,调解协议自双方当事人签名、盖章或捺手印后生效。特邀委派调解达成的调解协议属于民事合同,当事人可依法向法院申请司法确认。申请司法确认后的调解协议,具有执行效力。特邀委托调解成功后,特邀调解员应当将调解协议提交法院,由法院审查并制作调解书结案,调解书的生效时间为最后收到调解书的当事人签收的日期,生效的调解书与裁判文书一样,具有强制执行效力。

(五)调解不成的处理方式不同

特邀委派调解不成功的,当事人申请立案的,特邀调解员应当将当事人的起诉状等材料移送法院;当事人不申请立案的,将调解过程整理成材料,报法院备案即可。特邀委托调解未达成调解协议的,直接转入原审判程序审理。

(六)救济程序不同

特邀委派调解达成调解协议的救济程序分为两类:一是未经司法确认的调解协议。当事人就该调解协议的履行或者调解协议的内容发生争议的,可以向人民法院提起诉讼,人民法院应当受理。一方当事人以原纠纷向人民法院起诉,对方当事人以调解协议提出抗辩的,应当提供调解协议书。二是经司法确认的调解协议,一方当事人拒绝履行或者未全部履行的,对方当事人可以向人民法院申请执行。

特邀委托调解成功的，由法院制作调解书，生效调解书的效力等同于法院的生效裁判文书，具有强制执行力。

四、特邀调解的终止

特邀调解终止的情形包括：

1. 当事人达成调解协议。经特邀调解组织或者特邀调解员调解达成调解协议的，可以制作调解协议书。当事人认为无须制作调解协议书的，可以采取口头协议方式，特邀调解员应当记录协议内容。调解协议书应当记载当事人的基本情况、纠纷的主要事实、争议事项等主要内容，双方当事人和特邀调解员应当在调解协议书或者调解笔录上签名、盖章或者捺手印；由特邀调解组织主持达成调解协议的，还应当加盖调解组织印章。委派调解达成调解协议，自双方当事人签名、盖章或者捺手印后生效。委托调解达成调解协议，根据相关法律规定确定生效时间。

2. 一方当事人撤回调解请求或者明确表示不接受调解。

3. 特邀调解员认为双方分歧较大且难以达成调解协议。

4. 其他导致调解难以进行的情形。

特邀调解员终止调解的，应当向委派、委托的人民法院书面报告，并移送相关材料。

第四节 诉讼调解的效力

一、调解协议与调解书

（一）调解协议与调解书的区别与联系

按照《民事诉讼法》的规定，我国民事诉讼法律制度中的调解协议与调解书有密切联系，但概念不同，是两个既有区别又有联系的事物。调解协议是当事人经过协商达成的解决诉讼争议的，以民事权利义务为内容的诉讼合同。按照我国《民事诉讼法》的规定，法院应当将调解协议记入调解笔录或者法庭笔录，再根据调解协议的内容制作调解书。调解书是法院以其名义，根据当事人达成的调解协议制作的，具有与判决同等效力的法律文书。调解书既是对双方当事人协商结果的记载，又是对人民法院批准当事人调解协议的证明。

在一般情况下，当事人之间经过调解达成协议后，只能由法院根据调解协议的内容制作调解书，不得制作判决书，即使当事人请求法院根据调解协议制作判决书的,法院也不得制作判决书。但是,唯有无民事行为能力人的离婚案件例外。《最高人民法院关于适用〈中华人民共和国民事诉讼法〉的解释》第 148 条规定:"当事人自行和解或者调解达成协议后,请求人民法院按照和解协议或者调解协议的内容制作判决书的,人民法院不予准许。无民事行为能力人的离婚案件,由其法定代理人进行诉讼。法定代理人与对方达成协议要求发给判决书的,可根据协议内容制作判决书。"究其原因,是因为离婚案件的性质与其他民商事案件的性质不同。婚姻关系是否破裂,当事人是否愿意离婚应当由当事人亲自表达,正常情况下代理人不得代替,但是无民事行为能力人的离婚案件的性质又有不同,无民事行为能力人无法正常表达,而法律又允许调解解决,故而有此例外规定。

(二)调解书的制作

1. 需要及不需要制作调解书的情形

《民事诉讼法》第 100 条规定:"调解达成协议,人民法院应当制作调解书。调解书应当写明诉讼请求、案件的事实和调解结果。调解书由审判人员、书记员署名,加盖人民法院印章,送达双方当事人。调解书经双方当事人签收后,即具有法律效力。"第 101 条规定:"下列案件调解达成协议,人民法院可以不制作调解书:(一)调解和好的离婚案件;(二)调解维持收养关系的案件;(三)能够即时履行的案件;(四)其他不需要制作调解书的案件。对不需要制作调解书的协议,应当记入笔录,由双方当事人、审判人员、书记员签名或者盖章后,即具有法律效力。"

由此可见,达成调解协议后,一般情况下都要制作调解书,只有出现了法律特别规定的特殊情况时,才可以例外不制作调解书。

2. 调解书的制作方法

调解书由首部、正文和尾部三个部分组成。首部要求写明制作调解书的人民法院、标题、案件编号,还要求写明当事人及诉讼代理人的基本情况、案由。正文是调解书的主要部分,要求写明当事人的诉讼请求、法院查明的案件事实、调解协议的结果。尾部是调解书的最后部分,通常要求写明调解书经双方当事人签收后即具有法律效力,并由审判人员署名,写明签发的年、月、日,并加盖人民法院的印章,最后由书记员署名。

(三)调解书的补正

《最高人民法院关于适用简易程序审理民事案件的若干规定》第 17 条规定:"当事人以民事调解书与调解协议的原意不一致为由提出异议,人民法院审查后认为异议成立的,应当根据调解协议裁定补正民事调解书的相关内容。"

二、违反调解协议的责任和调解担保

(一)违反调解协议的责任

《最高人民法院关于人民法院民事调解工作若干问题的规定》第8条规定:“人民法院对于调解协议约定一方不履行协议应当承担民事责任的,应予准许。调解协议约定一方不履行协议,另一方可以请求人民法院对案件作出裁判的条款,人民法院不予准许。”

调解协议在本质上仍然是民事上的合同,所以可以约定违反之后的民事责任。之所以不允许约定可以在对方违反协议后请求法院判决的条款,是因为调解书发生法律效力后,非经法定程序法院及当事人均不得撤销,所以不允许当事人如此约定。

(二)调解担保

《最高人民法院关于人民法院民事调解工作若干问题的规定》第9条规定:“调解协议约定一方提供担保或者案外人同意为当事人提供担保的,人民法院应当准许。案外人提供担保的,人民法院制作调解书应当列明担保人,并将调解书送交担保人。担保人不签收调解书的,不影响调解书生效。当事人或者案外人提供的担保符合民法典规定的条件时生效。”

三、调解协议的无效情形

调解协议本质上仍然是一种民法上的合同或法律行为,所以当具备合同或法律行为的无效情形时,当然也无效。但是调解协议是在诉讼过程中形成的,所以也有其特殊的无效情形。

《民事诉讼法》第99条规定:“调解达成协议,必须双方自愿,不得强迫。调解协议的内容不得违反法律规定。”《最高人民法院关于人民法院民事调解工作若干问题的规定》第10条规定:“调解协议具有下列情形之一的,人民法院不予确认:(一)侵害国家利益、社会公共利益的;(二)侵害案外人利益的;(三)违背当事人真实意思的;(四)违反法律、行政法规禁止性规定的。”

四、调解协议或调解书的生效方式

(一)法定生效方式

1. 调解书的法定生效方式

《民事诉讼法》第100条规定:“调解达成协议,人民法院应当制作调解书。调解书应当写明诉讼请求、案件的事实和调解结果。调解书由审判人员、书记员署名，加盖人民法院印章，送达双方当事人。调解书经双方当事人签收后，即具有法律效力。”

《最高人民法院关于适用〈中华人民共和国民事诉讼法〉的解释》第149条规定：“调解书需经当事人签收后才发生法律效力的，应当以最后收到调解书的当事人签收的日期为调解书生效日期。”

2. 调解协议的法定生效方式

《民事诉讼法》第101条规定：“下列案件调解达成协议，人民法院可以不制作调解书：(一)调解和好的离婚案件；(二)调解维持收养关系的案件；(三)能够即时履行的案件；(四)其他不需要制作调解书的案件。对不需要制作调解书的协议，应当记入笔录，由双方当事人、审判人员、书记员签名或者盖章后，即具有法律效力。”

(二)约定生效方式

特定情况下，当事人还可以协商确定调解协议的生效时间，当事人达成调解协议后，不必等制作调解书送达双方当事人以后生效，当事人可以共同约定在调解协议上签字时即发生法律效力。

《最高人民法院关于适用〈中华人民共和国民事诉讼法〉的解释》第151条规定：“根据民事诉讼法第一百零一条第一款第四项规定，当事人各方同意在调解协议上签名或者盖章后即发生法律效力的，经人民法院审查确认后，应当记入笔录或者将调解协议附卷，并由当事人、审判人员、书记员签名或者盖章后即具有法律效力。前款规定情形，当事人请求制作调解书的，人民法院审查确认后可以制作调解书送交当事人。当事人拒收调解书的，不影响调解协议的效力。”

五、调解书或调解协议的法律效力

法院制作的调解书与判决书具有同等法律效力，根据法律规定当事人达成调解协议不必制作调解书的，法院将调解协议记入笔录，调解协议经当事人、法院、书记员签名或盖章后也发生类似法律效力。

在民事诉讼法上，调解书和不需要制作调解书的调解协议发生的法律效力包括以下几个方面：

(一)羁束力

羁束力是指调解书、调解协议生效后，制作该调解书、记录该调解协议的法院应当受到约束，非经法定程序，不得自行撤销或变更。调解书、调解协议的羁束力是指它们的不可撤销性，是对制作法院的约束。

（二）确定力

确定力分为形式上的确定力和实质上的确定力。形式上的确定力是指调解书、调解协议生效后，当事人不得以上诉的方式表示不服而请求上级法院撤销或改判。实质上的确定力是指调解书、调解协议生效后，对当事人而言，其不得对调解书、调解协议所确定的事项及同一法律关系再行起诉，或者在其他的诉讼中为相反的主张。对法院而言也不得在以后的其他诉讼中作出与该调解标的相反的判断。判决的实质上的确定力就是判决的既判力，调解书、调解协议的实质上的确定力等同于判决的既判力。

（三）形成力

判决的形成力是指对当事人之间的权利义务关系，法院判决其发生、变更或消灭的效力。对调解而言，是指经过调解当事人达成的协议使他们之间的法律关系发生、变更或消灭的效力。例如，离婚案件当事人经过法院调解达成协议解除婚姻关系的效力，即婚姻关系解除的形成力。

（四）执行力

执行力通常是对具有给付内容的调解书、调解协议而言，是指调解书（主要是调解书，通常不包括调解协议，因为不需要制作调解书的案件往往没有履行给付的内容）所确定的给付义务，若当事人拒绝履行的，对方当事人有权请求法院强制执行的效力。①

① 参见邱星美、王秋兰：《调解法学》，厦门大学出版社2008年版，第129页。

第四章 行 政 调 解

第一节 行政调解概述

一、行政调解的概念

到目前为止,在我国理论界和实务界中,人们对行政调解的认识不尽相同。对行政调解是否为行政法律制度的一个组成部分,行政调解是独立的法律制度还是依附型的行政法律制度这些基本问题还存在认识差异。对于行政调解的概念,不同的学者也有不同的看法。

有的学者认为行政调解是介于人民调解和司法调解之间的一种调解制度,一般是指由国家行政机关出面主持的,以国家法律和政策为依据,以自愿为原则,通过说服教育等方法,促使双方当事人平等协商、互让互谅、达成协议,消除纠纷的诉讼外活动。[①] 有的学者把行政调解定义为国家法定的行政主管机关依法对其隶属的行政机关之间,行政机关与社会团体、企事业单位之间,以及行政机关与公民之间,因行政管理问题发生争议后进行的调解。[②] 还有的学者认为行政调解是指行政主体主持的,以国家法律、政策和公序良俗为依据,以自愿为原则,通过说服教育等方法调停、斡旋,促使当事人友好协商,达成协议,消除纠纷的一种调解制度。[③]

由于本书所称调解,仅指对民事纠纷或民间纠纷的调解,故本书认为行政调解,是指行政主体对其日常行政管理过程中涉及的民事纠纷,以国家法律、政策和公序良俗为依据,以当事人自愿平等为原则,通过行政主体居间斡旋与协调,促使双方当事人友好协商,达成协议,从而消除纠纷的法律制度。

---

① 参见崔卓兰主编:《行政法学》,吉林大学出版社 1998 年版,第 210 - 211 页。

② 参见曾祥斌:《调解制度论略》,载《高等函授学报(哲学社会科学版)》2000 年第 1 期。

③ 参见朱最新:《社会转型中的行政调解制度》,载《行政法学研究》2006 年第 2 期。

二、行政调解的特点

（一）主体的行政性

行政调解是行政主体所主持的解决争议、消除纠纷的调解活动，是行政主体行使职权的一种方式。它的主体既不是司法调解中的人民法院，也不是人民调解中的群众自治性组织，而是依法享有行政职权的国家行政机关和一些经法律法规授权的组织。在我国目前的法律体系中，基本上都将行政调解的主体设定在行政机关，而对于法律法规授权组织行使行政调解职权的规定较少，只是在《消费者权益保护法》和《治安管理处罚法》等法律法规中有了一些规定。

（二）对象的民事性及涉行政性

一方面，必须明确行政调解的对象，是公民、法人或其他组织之间发生的民事争议，如合同纠纷、交通事故损害赔偿纠纷、知识产权纠纷等。这些民事争议的双方当事人之间的法律地位是完全平等的，不存在命令与服从的管理关系。这些纠纷是民事主体在相应的民事活动中发生的，而不是在行政主体的行政管理活动中发生的。因而区别于行政复议的对象，行政复议的对象是行政争议，是因为行政相对人对行政主体的行政行为不服而产生的行政纠纷。

另一方面，也应当看到行政调解的对象应当是在行政管理中出现的民事纠纷。换言之，该争议必须与日常的行政管理或行政事务相联系，否则难以突出行政调解的专业性，更有甚者会与人民调解、法院调解在案件范围上起冲突。

（三）形式上的准司法性

行政调解在形式上具有准司法性。行政调解体现的主要是行政主体作为第三者居间对平等民事主体之间的民事争议予以调停处理。这和司法调解一样，行政主体作为居间者不偏不倚，通过调解教育，对纠纷作出合情合理合法的公断。这种居间调停性有别于一般的具体行政行为，具有司法调解的一般特性，只不过在调解方式、调解程序、调解范围和调解效力方面与司法调解有所区别，所以说行政调解在形式上具有准司法性。

（四）调解方式上的非强制性

行政调解在方式上具有非强制性，行政调解程序的启动运行以致被执行，总体而言是争议双方当事人之间合意的结果。是否申请调解、是否达成协议以及达成什么样的协议，当事人完全是自愿的，行政主体不能强迫。在行政调解中行政组织是以组织者和调解人的身份出现，它的行为不具有像行政许可、行政处罚那样的强制性质，只表现为一种外在力量的疏导教育、劝解协调，而最终决定的作出应基于当事人不受胁迫、欺诈的真实意思表示。因此，在整个调解过程中，行政主体可以运用各种合法合理的方式进行调解，在双方当事人意思自治的前提下达成调解协议。

(五)效力上的非拘束性

行政调解属于诉讼外活动。在一般情况下，行政调解协议主要靠双方当事人的承诺信用和社会舆论等道德力量来执行。不能因经过了行政调解就限制当事人再申请仲裁或另行起诉的权利，这一点与人民调解的效力相类似，而与一经送达调解书就具有与判决同等法律效力的司法调解截然相反。目前绝大多数学者都认为除个别情形外，调解协议一般不具有法律上的强制执行力，调解协议的实施过程中，遭到行政相对方的拒绝甚至是对抗，行政机关无权强制执行，更不能采取强制手段。

(六)救济方式上的特殊性

由于行政调解是在双方当事人自愿的基础上完成的，当事人如对调解行为持有异议，完全可以拒绝在调解协议上签字。行政调解的当事人不得以不服行政调解为由，以调解的行政主体为被申请人或被告提起行政复议或者行政诉讼。另外，如果行政主体及其工作人员在调解过程中采取了不适当的手段，如强迫当事人签字画押等，该行为在事实上就不属于调解行为，而是违背当事人意志的行政命令。对于这种具有强制性的行政行为不服的，当事人可以以调解事项为由向上级行政机关申请复议或提起行政诉讼。因违法的行政调解给当事人造成损失的，应依法定程序由行政主体进行赔偿。

三、行政调解的原则

(一)自愿原则

由于行政调解的对象是平等当事人之间的民事纠纷，故自愿是行政调解的前提条件。行政主体在调解中只是以组织者的身份进行居间调解，其意愿和行为不具有强制性，不能在当事人拒绝接受调解时强制进行调解，应切实尊重当事人的意思主张。

尤其需要注意的是，行政调解是由行政主体出面主持的，虽然是一种非强制行政行为，但毕竟掺杂了行政权力。此外，行政调解在实践中往往是其他行政处理手段的先行程序，具有“先礼后兵”的特点，由此对当事人更易产生精神与心理上的压力，影响当事人自愿处分权利。① 加上受传统思想的影响，有的部门揽权调解，部分

---

① 参见[日]棚濑孝雄：《纠纷的解决与审判制度》，王亚新译，中国政法大学出版社 2004 年版，第12 页。

工作人员更是借此来私设障碍,强行将一些纠纷纳入行政调解的渠道,背离了行政调解设置的初衷。对此问题,应从源头上控制。凡是法律上明文规定可以适用行政调解,方可适用,同时要以当事人自愿为前提。如果法律没有规定,当事人不愿意的,绝不能强行调解。

(二)合法合理原则

行政调解应该依据法律、法规及国家政策进行,同时还需尊重公序良俗。使行政调解按照合法合理的途径运行,既符合法律规定,又符合社会的伦理道德、善良风俗,使行政调解建立在正当考虑的基础上,行政调解的内容合法合理。

(三)一级调解原则

一级调解原则,是指当事人之间的纠纷经某一行政机关调解后,无论结果如何,不允许其他级别的行政机关再进行调解。这是行政效率原则在行政调解制度中的体现,可避免出现久调不决的现象,可以使当事人及时寻求其他解决纠纷和争议的途径,维护自己的合法权益。

(四)回避原则

"自己不做自己的法官"是正当程序的应有之义。行政调解人员不得参与调解与自己有利害关系的纠纷。出现这种情况时,行政调解人员应依当事人申请回避或自己主动回避。

(五)自觉履行、监督履行和强制履行相结合的原则

一般情况下,行政调解达成的调解协议以当事人自愿履行为前提,这也是真正尊重当事人意愿的表现。在履行过程中,有关调解主持人员应该对此加以监督。

对于法律有特别规定,赋予强制执行力的调解协议,行政主体还可以行使强制执行权,使调解协议得以落实。

四、行政调解的分类

(一)一般权限行政机关调解、部门权限行政机关调解和法律法规授权的组织调解

该分类的划分依据是行政调解的主体不同。

一般权限行政机关调解,主要是指各级政府对发生在平等主体之间的民事纠纷或者与行政管理相关的纠纷的调解。例如,设在乡政府、镇街道办事处的司法助理员对民间纠纷主持的调解,各级政府对权属争议、行政赔偿和补偿争议进行的调解。

部门权限行政机关调解,是指对特定行政领域或特定行政事务有管理权的机关在其行政职责的范围内,对有关的民事纠纷进行的调解。例如,公安机关对治安

违法行为造成他人损害案件的调解、交通管理部门对交通肇事造成他人损害案件的调解等。

法律法规授权的组织调解，是指特定的社会组织，在法律法规授权的范围内，对特定的民事纠纷进行的调解。例如，消费者协会在授权范围内，可以对消费争议行使调解权。

（二）外部管理机关调解和内部管理机关调解

该分类的划分依据是行政机关的管理对象不同。

外部管理机关调解，是指行政机关对管理对象是作为外部行政相对人的个人之间、组织之间以及相互之间发生的争议的调解。例如，基层政府对民间纠纷的调解、工商行政管理机关对合同纠纷的调解等。

内部管理机关调解是指行政机关对其所属成员之间，以及行政机关所属成员与其他单位成员之间的民事纠纷所进行的调解。

（三）对民事争议的调解、对轻微伤害刑事犯罪案件的调解和对与行政管理相关的民事纠纷的调解

该分类的划分依据是政调解的案件不同。

对民事争议的调解，例如，《民间纠纷处理办法》规定基层政府对民间纠纷的调解。

对轻微伤害刑事犯罪案件的调解，例如，公安机关对由于违反治安造成他人轻微伤害构成犯罪但不追究刑事责任案件的调解。

对与行政管理相关的民事纠纷的调解，主要是指行政赔偿或补偿纠纷的调解。

（四）正式行政调解和非正式行政调解

该分类的划分依据是行政调解的效力不同。

正式行政调解是指调解协议生效后便具有强制执行力。这种行政调解属于特殊情况，需要由法律、法规作出专门的规定。根据法律、法规的规定，只有劳动争议由专门的行政仲裁机关进行调解，所达成的调解协议书具有强制执行力。

非正式行政调解是指调解协议生效后不具有强制执行力，需要当事人自觉履行。我国绝大部分的行政调解都属于非正式行政调解。

第二节 行政调解的主体与范围

一、行政调解的主体

我国目前的行政调解主体大致可以分为三类：地方人民政府、相关职能部门、

法律法规授权的组织。

地方人民政府行政调解主体主要包括乡镇人民政府,这项工作主要由乡镇人民政府、街道办事处的基层司法助理员进行,司法助理员属于专职的行政调解人员。

相关职能部门行政调解主体较为庞杂,包括公安部门、市场监督管理部门、知识产权管理机关、医疗卫生行政管理机关、劳动行政管理机关等20多种行政机关,目前,我国部门调解主体均采用兼职制度,各职能部门并没有专职的调解人员。

法律法规授权的组织负责的行政调解较少。目前比较常见的是消费者纠纷调解,依据《消费者权益保护法》的相关规定,消费者协会是该调解的主体,同相关职能部门调解一样,消费者纠纷调解亦属于兼职类型,并没有专门负责调解的人员。

二、行政调解的范围

总的来说,行政调解的范围也是民事纠纷、民间纠纷。由于负责调解的行政主体不同,各自负责调解的具体范围也有所区别。

(一)地方人民政府行政调解的范围

由于我国目前还没有一部关于行政调解的专门性、统一性的法律,涉及地方人民政府调解的规定往往散见于一些规范性法律文件中。

《水法》第57条规定:"单位之间、个人之间、单位与个人之间发生的水事纠纷,应当协商解决;当事人不愿协商或者协商不成的,可以申请县级以上地方人民政府或者其授权的部门调解,也可以直接向人民法院提起民事诉讼。县级以上地方人民政府或者其授权的部门调解不成的,当事人可以向人民法院提起民事诉讼。在水事纠纷解决前,当事人不得单方面改变现状。"

《矿产资源法》第49条规定:"矿山企业之间的矿区范围的争议,由当事人协商解决,协商不成的,由有关县级以上地方人民政府根据依法核定的矿区范围处理;跨省、自治区、直辖市的矿区范围的争议,由有关省、自治区、直辖市人民政府协商解决,协商不成的,由国务院处理。"此处的"处理",一般认为包含进行调解在内。

《突发事件应对法》第21条规定:"县级人民政府及其有关部门、乡级人民政府、街道办事处、居民委员会、村民委员会应当及时调解处理可能引发社会安全事件的矛盾纠纷。"

调解民事纠纷和轻微刑事案件一直是我国基层人民政府的一项职责,这项工作主要是由乡镇人民政府和街道办事处的司法助理员负责进行。司法助理员是基层人民政府的组成人员，也是司法行政工作人员。他们除了指导人民调解委员会的工作和法制宣传外，还要调解大量的纠纷。

1990 年 4 月 19 日司法部发布的《民间纠纷处理办法》曾普遍赋予基层人民政府对各类民间纠纷的调解权，该法第 3 条规定："基层人民政府处理民间纠纷的范围，为《人民调解委员会组织条例》规定的民间纠纷，即公民之间有关人身、财产权益和其他日常生活中发生的纠纷。"

《妇女权益保障法》第 55 条规定："违反本法规定，以妇女未婚、结婚、离婚、丧偶等为由，侵害妇女在农村集体经济组织中的各项权益的，或者因结婚男方到女方住所落户，侵害男方和子女享有与所在地农村集体经济组织成员平等权益的，由乡镇人民政府依法调解；受害人也可以依法向农村土地承包仲裁机构申请仲裁，或者向人民法院起诉，人民法院应当依法受理。"

（二）相关职能部门行政调解的范围

1. 公安机关调解的范围

治安调解是公安机关依法对民间纠纷引起的打架斗殴或者损毁财物等违反治安管理行为的一种非处罚性处理活动。

《治安管理处罚法》第 9 条规定："对于因民间纠纷引起的打架斗殴或者损毁他人财物等违反治安管理行为，情节较轻的，公安机关可以调解处理。经公安机关调解，当事人达成协议的，不予处罚。经调解未达成协议或者达成协议后不履行的，公安机关应当依照本法的规定对违反治安管理行为人给予处罚，并告知当事人可以就民事争议依法向人民法院提起民事诉讼。"

2006 年公安部发布的《公安机关执行〈中华人民共和国治安管理处罚法〉有关问题的解释》第 1 条规定："根据《治安管理处罚法》第 9 条的规定，对因民间纠纷引起的打架斗殴或者损毁他人财物以及其他违反治安管理行为，情节较轻的，公安机关应当本着化解矛盾纠纷、维护社会稳定、构建和谐社会的要求，依法尽量予以调解处理。特别是对因家庭、邻里、同事之间纠纷引起的违反治安管理行为，情节较轻，双方当事人愿意和解的，如制造噪声、发送信息、饲养动物干扰他人正常生活，放任动物恐吓他人、侮辱、诽谤、诬告陷害、侵犯隐私、偷开机动车等治安案件，公安机关都可以调解处理。同时，为确保调解取得良好效果，调解前应当及时依法做深入细致的调查取证工作，以查明事实、收集证据、分清责任。调解达成协议的，应当制作调解书，交双方当事人签字。"

2007 年公安部发布的《公安机关治安调解工作规范》第 3 条规定："对于因民间纠纷引起的殴打他人、故意伤害、侮辱、诽谤、诬告陷害、故意损毁财物、干扰他人正常生活、侵犯隐私等违反治安管理行为，情节较轻的，经双方当事人同意，公安机关可以治安调解。民间纠纷是指公民之间、公民和单位之间，在生活、工作、生产经营等活动中产生的纠纷。对不构成违反治安管理行为的民间纠纷，应当告知当事人向人民法院或者人民调解组织申请处理。”第4条规定：“违反治安管理行为有下列情形之一的，不适用治安调解：(一)雇凶伤害他人的；(二)结伙斗殴的；(三)寻衅滋事的；(四)多次实施违反治安管理行为的；(五)当事人在治安调解过程中又挑起事端的；(六)其他不宜治安调解的。”

2. 道路交通管理部门调解的范围

道路交通事故调解是在公安机关交警部门的主持下，在当事人平等协商、互相体谅、彼此让步的基础上，合情、合理、合法地解决道路交通事故民事损害赔偿争议的一项活动。

《道路交通安全法》第74条规定：“对交通事故损害赔偿的争议，当事人可以请求公安机关交通管理部门调解，也可以直接向人民法院提起民事诉讼。经公安机关交通管理部门调解，当事人未达成协议或者调解书生效后不履行的，当事人可以向人民法院提起民事诉讼。”

2017年公安部发布的《道路交通事故处理程序规定》第25条规定：“当事人共同请求调解的，交通警察应当当场进行调解，并在道路交通事故认定书上记录调解结果，由当事人签名，送达当事人。”第26条规定：“有下列情形之一的，不适用调解，交通警察可以在道路交通事故认定书上载明有关情况后，将道路交通事故认定书送达当事人：(一)当事人对道路交通事故认定有异议的；(二)当事人拒绝在道路交通事故认定书上签名的；(三)当事人不同意调解的。”

3. 市场监督管理部门调解的范围

市场监督调解是指市场监督在法定职权范围内，在日常管理和行政执法过程中，对与本机关行使行政职权有关的各类争议纠纷，以法律、法规、规章及政策为依据，以当事人自愿为原则，通过对当事人的说服和疏导，促使当事人平等协商、互谅互让，达成调解协议，便捷解决争议纠纷的活动。

从现行法律制度来看，市场监督调解的范围主要包括以下几个方面：

(1)对侵犯注册商标专用权引起的纠纷的调解。《商标法》第60条第3款规定：“对侵犯商标专用权的赔偿数额的争议，当事人可以请求进行处理的工商行政管理部门调解，也可以依照《中华人民共和国民事诉讼法》向人民法院起诉。经工商行政管理部门调解，当事人未达成协议或者调解书生效后不履行的，当事人可以依照《中华人民共和国民事诉讼法》向人民法院起诉。”

(2)对侵犯特殊标志所有权或使用权引起的纠纷的调解。《特殊标志管理条例》第17条第2款规定:“工商行政管理部门受理特殊标志侵权案件投诉的,应当依特殊标志所有人的请求,就侵权的民事赔偿主持调解;调解不成的,特殊标志所有人可以向人民法院起诉。”

(3)对侵犯奥林匹克标志专有权引起的纠纷的调解。《奥林匹克标志保护条例》第12条第1款规定:“未经奥林匹克标志权利人许可,为商业目的擅自使用奥林匹克标志,或者使用足以引人误认的近似标志,即侵犯奥林匹克标志专有权,引起纠纷的,由当事人协商解决;不愿协商或者协商不成的,奥林匹克标志权利人或者利害关系人可以向人民法院提起诉讼,也可以请求市场监督管理部门处理……进行处理的市场监督管理部门应当事人的请求,可以就侵犯奥林匹克标志专有权的赔偿数额进行调解;调解不成的,当事人可以依照《中华人民共和国民事诉讼法》向人民法院提起诉讼。”

(4)对消费争议的调解。《消费者权益保护法》第32条规定:“各级人民政府工商行政管理部门和其他有关行政部门应当依照法律、法规的规定,在各自的职责范围内,采取措施,保护消费者的合法权益。有关行政部门应当听取消费者和消费者协会等组织对经营者交易行为、商品和服务质量问题的意见,及时调查处理。”第39条规定:“消费者和经营者发生消费者权益争议的,可以通过下列途径解决:……(三)向有关行政部门投诉;……”

4. 专利、著作权等知识产权管理部门调解的范围

《专利法》第65条规定:“未经专利权人许可,实施其专利,即侵犯其专利权,引起纠纷的,由当事人协商解决;不愿协商或者协商不成的,专利权人或者利害关系人可以向人民法院起诉,也可以请求管理专利工作的部门处理……进行处理的管理专利工作的部门应当事人的请求,可以就侵犯专利权的赔偿数额进行调解;调解不成的,当事人可以依照《中华人民共和国民事诉讼法》向人民法院起诉。”

《著作权法》第60条第1款规定:“著作权纠纷可以调解,也可以根据当事人达成的书面仲裁协议或者著作权合同中的仲裁条款,向仲裁机构申请仲裁。”

5. 卫生行政管理部门调解的范围

《医疗事故处理条例》第48条规定:“已确定为医疗事故的,卫生行政部门应医疗事故争议双方当事人请求,可以进行医疗事故赔偿调解。调解时,应当遵循当事人双方自愿原则,并应当依据本条例的规定计算赔偿数额。经调解,双方当事人就赔偿数额达成协议的,制作调解书,双方当事人应当履行;调解不成或者经调解达成协议后一方反悔的,卫生行政部门不再调解。”

除了以上列举的不同政府职能部门的调解范围之外，我国的劳动行政管理部门、环境资源保护管理部门、计量行政管理部门、民政管理部门等，在实践中都不同程度地通过调解的方式解决与本部门行政管理相关的民事纠纷。

（三）法律、法规授权组织行政调解的范围

在我国，由法律、法规授权主持行政调解的组织主要有以下两类：一类是法律、法规授权的行政机关内部机构、派出机构以及临时机构。这类调解比较常见的有商标评审委员会对商标权属纠纷的调解。另一类是法律、法规授权的企事业单位、社会组织、团体、行业协会、基层群众性自治组织等其他社会公共组织。这类调解比较常见的有消费者协会对消费领域纠纷进行的调解，还有证券业协会对证券业务纠纷进行的调解。

《消费者权益保护法》第37条规定："消费者协会履行下列公益性职责：……（五）受理消费者的投诉，并对投诉事项进行调查、调解；……"第39条规定："消费者和经营者发生消费者权益争议的，可以通过下列途径解决：……（二）请求消费者协会或者依法成立的其他调解组织调解；……"

《证券法》第166条规定："证券业协会履行下列职责：……（七）对会员之间、会员与客户之间发生的证券业务纠纷进行调解；……"

第三节　行政调解的程序

虽然《公安机关治安调解工作规范》《道路交通事故处理程序规定》等特别规范性法律文件中对某些具体种类的行政调解的程序进行了较为详细的规定，但是我国目前尚没有一般法意义上的、统一的行政调解程序性规定。结合理论界的通说和实践中的普遍做法，可以认为行政调解的共同性程序应当包含以下几个环节：

一、申请

行政调解可以口头申请，也可以书面申请；可以由一方当事人申请，也可以由行政机关依职权提出，但必须征得各方当事人同意。一方当事人是政府工作部门的，另一方当事人可以向该部门或该部门的上一级主管部门提出调解要求，也可以向同级"大调解"工作机构或者同级政府法制机构提出调解申请。行政机关在日常管理和行政执法过程中发现争议纠纷时，应当主动告知当事人可以申请行政调解。

二、受理

行政机关收到行政调解申请后，应及时决定是否受理并告知当事人。两个以上行政机关收到同一行政调解申请的，由具有相关管理职能的行政机关受理。属于两个以上行政机关均有权管辖的，由最初收到行政调解申请的行政机关受理。对涉及多个部门的矛盾纠纷，由政府法制机构或“大调解”工作机构指定的部门牵头调解。

三、调处

行政机关受理行政调解申请后，应及时告知当事人依法享有的权利、遵循的程序及相关事项。调解过程中，要认真听取各方当事人的陈述、申辩和质证，分析并归纳各方争议的焦点，依据法律、法规、规章及有关规定，对当事人进行说服、劝导，引导争议各方达成谅解。对于重大、复杂以及社会影响较大的争议纠纷，行政机关应当制作调解笔录，全面客观记载调解的过程和内容。对争议纠纷基本事实有异议的，行政机关可采取听证、现场调查等方式调查取证。调解达成协议的，应签订调解协议书。

各级行政机关应根据行政复议、行政诉讼等法定救济权利的时效和行政调解工作实际，确定本地区、本系统行政调解的时限。对在规定时限内达不成调解协议的，行政机关应当及时终止调解，依法作出处理或引导当事人通过行政复议、仲裁和诉讼等方式解决纠纷。

四、督促

行政调解协议经各方当事人认可并签字或盖章后，即对当事人产生法律约束力，当事人应当自觉履行。行政机关应当及时对争议各方履行调解协议情况进行回访，督促各方当事人履行约定义务，巩固调解成果，实现定分止争、案结事了。

第四节　行政调解的效力

行政调解协议书效力缺失是目前行政调解制度难以发挥其真正作用的重要原因之一，综观我国行政调解相关法律法规，基本上均没有赋予行政调解协议书以强制执行效力。例如,《治安管理处罚法》第9条规定:"……经调解未达成协议或者达成协议后不履行的,公安机关应当依照本法的规定对违反治安管理行为人给予处罚,并告知当事人可以就民事争议依法向人民法院提起民事诉讼。"在本条规定中,如果当事人对行政调解不予履行的话,对方当事人只能向人民法院提起民事诉讼,而行政调解协议书中所达成的相关纠纷解决办法均作废。换言之,经过多方努力达成的纠纷解决办法只因一方当事人的不履行而付诸东流。

正是由于行政调解协议书效力缺失这一原因,行政调解制度一直不太受行政机关与当事人双方的欢迎:一方面,行政机关耗时、耗力对双方当事人的纠纷进行居间调解并最终达成调解协议后,只因当事人单方面不履行就被完全否定,这对行政机关的权威是极大的损害。另一方面,当事人将纠纷诉诸行政机关,其目的必然是希望能快捷地解决纠纷,但如果行政调解协议书的效力如此,这肯定会影响当事人对行政调解制度在纠纷解决能力上的期望。总而言之,行政调解协议书效力缺失的这一问题,严重地损害了行政机关的权威,并大大地削弱了当事人利用行政调解制度的信心。①

为解决这一问题,2009年最高人民法院发布的《关于建立健全诉讼与非诉讼相衔接的矛盾纠纷解决机制的若干意见》第8条第2款规定:"行政机关依法对民事纠纷进行调处后达成的有民事权利义务内容的调解协议或者作出的其他不属于可诉具体行政行为的处理,经双方当事人签字或者盖章后,具有民事合同性质,法律另有规定的除外。"第12条规定:"经行政机关、人民调解组织、商事调解组织、行业调解组织或者其他具有调解职能的组织对民事纠纷调解后达成的具有给付内容的协议,当事人可以按照《公证法》的规定申请公证机关依法赋予强制执行效力。债务人不履行或者不适当履行具有强制执行效力的公证文书的,债权人可以依法向有管辖权的人民法院申请执行。"第13条规定:"对于具有合同效力和给付内容的调解协议,债权人可以根据《中华人民共和国民事诉讼法》和相关司法解释的规定向有管辖权的基层人民法院申请支付令。申请书应当写明请求给付金钱或者有价证券的数量和所根据的事实、证据,并附调解协议原件。因支付拖欠劳动报酬、工伤医疗费、经济补偿或者赔偿金事项达成调解协议,用人单位在协议约定期限内不履行的,劳动者可以持调解协议书依法向人民法院申请支付令。"

根据上述规定,行政调解协议本身具有了民事合同的一般效力,经过公证或者完成申请支付令的督促程序后,才能够获得强制执行的效力。

---

① 参见李祖军等:《民事调解规范化研究》,厦门大学出版社2015年版,第173-174页。

第五章 人民调解

第一节 人民调解概述

一、人民调解的概念与特点

(一)人民调解的概念

《人民调解法》第2条规定,人民调解是指人民调解委员会通过说服、疏导等方法,促使当事人在平等协商基础上自愿达成调解协议,解决民间纠纷的活动。

对于“人民调解”,在不同的语境下会产生不同的理解。在社会主义法律体系中,人民调解可以理解为一种制度,包含了人民调解的性质、任务、工作原则、程序、人民调解组织以及相关的法律法规的总和。在社会活动中,人民调解可以被理解为一种纠纷解决的活动。这在《人民调解法》中表述得最为权威。

(二)人民调解的特点

1. 人民调解是在人民调解委员会主持下进行的

这一特征是人民调解所特有的本质属性,它将人民调解同其他民间调解以及其他各种调解区别开来。人民调解不是人民调解员以个人名义进行的调解,而是以人民调解委员会的名义进行的。所以,在实践中人民调解协议要加盖人民调解委员会的印章,而不仅仅是调解人员的签名;对调解登记、调解工作记录、调解协议书等材料也要由人民调解委员会立卷归档。

2. 人民调解采用的方法以说服、教育为主

采用说服、教育的方法,与审判、仲裁、行政决定等其他纠纷解决方法存在本质差异。这主要是人民调解的性质决定的。人民调解委员会是群众性的组织,不以国家强制力为后盾,因此在纠纷解决方面更侧重于对当事人的说服教育。动之以情,晓之以理,说明冲突的利害,采用这种方式,在调解实践中更容易被当事人所接受。

3. 人民调解解决纠纷的方式，是当事人在平等协商基础上自愿达成调解协议

人民调解的这一特点也是人民调解基本原则中"平等自愿原则"的体现。人民调解坚持平等自愿的原则，不得强行调解。调解人员的调解意见，要建立在当事人双方自愿的基础上，而非强加于人。调解的开始与终结伴随着当事人的意愿，注重协商直至当事人形成调解的合意。

4. 人民调解委员会调解的是民间纠纷

人民调解委员会调解的民间纠纷，包括发生在公民与公民之间、公民与法人和其他社会组织之间涉及民事权利义务争议的各种纠纷。近几年，随着社会的发展，纠纷数量种类的增多，人民调解在纠纷的受理、纠纷类型与范围上也在扩大，但受理的纠纷仍属于民间纠纷。

二、人民调解的性质

人民调解的性质是通过人民调解委员会的性质体现出来的，人民调解委员是人民调解制度的主体，它的性质直接决定了人民调解制度的性质。

（一）群众性

人民调解委员会是群众性组织，它既不同于行政机关也不同于国家审判机关；它既没有行政决定权也没有司法裁判权。人民调解委员会是把人民群众组织起来，自己管理自己的事情，处理自己内部的民间纠纷。各调解组织之间没有层级关系，与国家机关和其他社会组织没有隶属关系。人民调解员来源于群众，只能在本居住地区的人民中通过民主选举产生，一般由德高望重、为人正直、办事公道、为人民群众信赖的公民担任。他们是群众中的普通一员，而不是受国家机关委任或其他组织派遣的专职承担调解工作的人员。他们扎根于基层，以简便、灵活、快捷的方式解决民间纠纷，从而增强人民内部团结，维护社会稳定。

群众性还体现为中国人民调解组织遍布于社会基层，在村民委员会、居民委员会以及乡镇街道上都设置了人民调解委员会。截至 2018 年年底，全国共有人民调解组织 75 余万个，人民调解员 350 万人，覆盖全国城乡社区，近 5 年来每年调解矛盾纠纷 900 多万件，调解成功率达 97% 以上。目前，随着实践的需求，全国逐渐发展起来新型的人民调解组织，主要表现为以下三种类型：乡镇（街道）设立的人民调解委员会；企业事业单位根据需要设立的人民调解委员会；根据需要设立的区域性、行业性的人民调解委员会，包括在流动人口聚居区、消费者协会、集贸市场、经济开发区、物业管理小区、旅游区等建立的人民调解组织，还有专门调解医患纠纷、交通事故纠纷的人民调解组织等。有些人民调解组织由司法所组织建立，但人民调

解员均来自民间，司法所只是扮演了协调人的角色；有些由乡镇街道组织设立，体现了行业特点与专业特点，但在性质上仍未偏离人民群众自我管理、自我教育、自我服务的特性，仍然属于群众性组织。

（二）民间性

人民调解组织是群众性组织，不具有官方性。另外，人民调解的范围为"民间纠纷"，既有传统上公民与公民之间的婚姻、继承、赡养、邻里关系、小额债务、轻微侵权等常见多发的矛盾纠纷，也包括新时期土地承包、征地拆迁、环境保护、医患纠纷等社会热点、难点纠纷，共同的特点是发生在公民与公民之间、公民与法人或者其他组织之间，当事人有权自行处分的人身、财产权益的纠纷等。人民调解的自愿平等、不违背法律法规政策和尊重当事人权利三项原则和人民调解不收费的基本制度，在保障当事人意思自治的前提下，突出了法律规范与道德规范的有机结合，充分体现了调解过程和调解协议情、理、法相融合的民间性特征。人民调解方式方法的规定，既体现了确保调解活动顺利开展的基本要求，又不拘形式、灵活便捷，保持了人民调解区别于其他纠纷解决机制的民间特色。

（三）自治性

人民调解委员会主要由村民委员会、居民委员会设立，其调解活动是我国基层民主自治的重要内容。《宪法》第 111 条规定，人民调解委员会是基层群众自治组织即居民委员会、村民委员会下设的一个工作委员会，其专门职责是调解民间纠纷。这以国家根本大法的形式确立了人民调解委员会的性质为群众自治性组织。

人民调解组织和人民调解员由本辖区或本单位的群众直接选举产生接受群众的监督，群众有权撤换他们认为不称职的调解人员。人民调解坚持平等自愿的原则，不强行调解，不干涉当事人的诉讼权利，调解也不是诉讼的必经程序。人民调解运用说服教育、耐心疏导、民主讨论、协商的方法，在分清是非的基础上，依法帮助当事人达成调解协议。人民调解通过人民群众自我教育、自我管理、自我服务，化解自己内部的矛盾纠纷，增进人民内部团结，是社会主义国家人民当家做主、行使管理权力的重要体现，也是长期以来人民调解工作保持生机与活力、深受人民群众欢迎的根本原因。

（四）准司法性

人民调解的准司法性体现在以下两个方面：

其一，人民调解制度是中国法治系统中的重要组成部分，中国的《宪法》《民事诉讼法》《村民委员会组织法》《人民调解委员会组织条例》《人民调解工作若干规定》等法律法规均对人民调解工作进行过规定。尤其是 2011 年 1 月开始实施的

《人民调解法》与同年颁布的《最高人民法院关于人民调解协议司法确认程序的若干规定》更是完善了人民调解制度，规范了人民调解程序，明确了人民调解的法律地位，提高了人民调解的效力。

其二，人民调解实现了与司法的衔接。按照《人民调解法》与《最高人民法院关于人民调解协议司法确认程序的若干规定》的规定，基层法院对人民调解的业务进行指导。另外，经人民调解委员会调解达成的人民调解协议，经双方当事人申请可以对该协议进行司法确认。人民法院经审查认为调解协议符合确认条件的，应当做出确认决定书，人民法院依法做出确认决定后，一方当事人拒绝履行或者未全部履行的，对方当事人可以向做出确认决定的人民法院申请强制执行，从而实现了人民调解与司法的衔接。

三、人民调解的历史

中华民族自古以来就具有调解的传统，早在3000年前的周朝就设立了调人，此后调解均作为历朝历代重要的纠纷解决方式。中国现行的人民调解制度就渊源于中国古代的民间调解。

人民调解制度的雏形最早产生于新民主主义时期的革命根据地。最初是在共产党领导下的农会组织和一些局部政权组织中设立了调解组织，调解民间纠纷。抗日战争时期，调解工作得到较大发展。当时为了区别于国民党统治区“不民主的调解工作”，把解放区的调解称为人民调解，形成了人民调解的三项基本原则：自愿原则、合法原则以及保护当事人诉讼权利原则。这三项基本原则的确立，是人民调解制度形成的主要标志。

中华人民共和国的成立使人民调解工作步入了一个新的发展阶段。1950 年 11 月 3 日，中央人民政府政务院《关于加强人民司法工作的指示》中指出：人民司法工作必须处理人民间的纠纷，对这类民事案件亦须予以足够的重视，应尽量采取群众调解的办法以减少人民讼争。1954 年 3 月 22 日，中央人民政府政务院在总结新民主主义革命时期调解经验和中华人民共和国成立后人民调解新经验的基础上，颁布了《人民调解委员会暂行组织通则》（以下简称《通则》），明确规定了人民调解委员会的性质、任务、组织、活动原则、工作制度和工作方法。《通则》的颁布是我国人民调解制度发展史上的重要里程碑，标志着人民调解作为一种法律制度在中国正式确立。

改革开放以后，人民调解制度的地位得到《宪法》和《民事诉讼法》的确认。1982 年 3 月，第五届全国人民代表大会常务委员会第二十二次会议颁布了《民事诉讼法(试行)》,不仅进一步肯定了人民调解的法律地位,而且把它规定为民事诉讼法的一项基本原则。1982 年 12 月,第五届全国人民代表大会第五次会议把人民调解规定在《宪法》第 111 条第 2 款之中:“居民委员会、村民委员会设人民调解、治安保卫、公共卫生等委员会,办理本居住地区的公共事务和公益事业……”1987 年 11 月 24 日,第六届全国人民代表大会常务委员会第二十三次会议通过了《村民委员会组织法(试行)》(现已失效),该法第 14 条规定:“村民委员会根据需要设人民调解、治安保卫、公共卫生等委员会……”宪法、民事诉讼法和村民委员会组织法关于人民调解组织的规定,将人民调解制度作为一项法律制度,在中国最终确立下来。

这一时期,人民调解组织得到加强,人民调解制度也日渐规范。1980 年 1 月,全国人民代表大会常务委员会批准并重新公布了《人民调解委员会暂行组织通则》。1981 年 11 月司法部制定并颁布《司法助理员工作暂行规定》,人民调解委员会除继续接受基层人民法院业务指导以外,还被划归司法行政部门直接领导和管理。1989 年 5 月,国务院常务会议通过了《人民调解委员会组织条例》进一步完善和发展了人民调解制度。最高人民法院于 2002 年 9 月通过的《关于审理涉及人民调解协议的民事案件的若干规定》(现已失效),第一次从司法解释上对人民调解协议的性质和效力作了明确的规定,2002 年 9 月司法部通过的《人民调解工作若干规定》作出相同规定。

2010 年颁布的《人民调解法》以及《最高人民法院关于人民调解协议司法确认程序的若干规定》的出台,全面、系统地规范了人民调解的性质、任务和原则,人民调解组织形式和人民调解员的选任,人民调解的程序、效力,人民调解的指导和保障等各个方面的内容,进一步丰富和发展了人民调解制度,为人民调解工作提供了更有力的法律支撑。《人民调解法》颁布后,在全国范围内,形成了乡镇调解中心、村民调解委员会、居民调解委员会、厂矿企业调解委员会、联合调解委员会、集贸市场调解委员会,流动人口聚居区调解委员会等调解组织。

2010 年后,在贯彻《人民调解法》的基础上,司法部又不断拓宽人民调解工作领域,加强人民调解员队伍建设。2011 年、2014 年司法部分别下发《关于加强行业性专业性人民调解委员会建设的意见》《关于进一步加强行业性专业性人民调解工作的意见》,促进了我国行业性专业性人民调解委员会的发展,目前交通事故人民调解委员会、医疗纠纷人民调解委员会、劳动争议人民调解委员会、物业纠纷人民调解委员会、消费纠纷人民调解委员会、旅游纠纷人民调解委员会等已经普遍设立,在纠纷化解上发挥了越来越重要的作用。2018 年 3 月 28 日,中央全面深化改革委员会第一次会议审议通过《关于加强人民调解员队伍建设的意见》,就努力建设一支政治合格、熟悉业务、热心公益、公道正派、秉持中立的人民调解员队伍提出要求、作出部署。对此习近平总书记强调:要加快建设覆盖城乡、便捷高效、均等普惠的现代公共法律服务体系,统筹研究律师、公证、法律援助、司法鉴定、调解、仲裁等工作改革方案,让人民群众切实感受到法律服务更加便捷,习近平总书记在讲话中深刻论述依法治国战略意义,中国特色社会主义法治道路。同时也在更高层面上为人民调解工作发展进行了布局,为人民调解工作发展奠定了政策基础。

四、人民调解在社会治理中的功能

(一)解决民间纠纷的功能

纠纷解决是人民调解制度最基本、最重要的社会功能。人民调解在预防与解决民间纠纷上有其自身的特点与优势。

1. 人民调解在传统调解的基础上发展起来,易于被人民群众接受

人民调解制度起源于历史上的民间调解,其是在对旧的民间调解进行扬弃的基础上逐步形成与发展起来的。用调解的方式平息民间纠纷在我国最早可以追溯到西周时期,随后在历朝历代均成为重要的纠纷解决方法。可以说人民群众早已经熟悉这种纠纷解决方式,在第一次国内战争时期,人民调解制度在传统调解的基础上建立起来,继承了我国民间调解、居间调停、平等协商、互让互谅、以和为贵的优良传统。中华人民共和国成立后,人民调解制度得到快速发展,成为化解民间纠纷的"第一道防线"。可以说,人民调解是在我国本土上衍生出来的纠纷解决方法,易于为人民群众所接受。

2. 人民调解的纠纷范围广,弥补诉讼解决纠纷的有限性

人民调解的纠纷范围为民间纠纷,法院受理的纠纷为民事纠纷。一般认为,民间纠纷绝大多数就是民事纠纷,但民间纠纷的外延要大于民事纠纷。在民事法律调整范围外的涉及道德的纠纷、精神情感的纠纷、当地风俗习惯的纠纷等都属于民间纠纷。因此,从一定程度上说,诉讼解决纠纷的能力是有限的,不能囊括所有的民间纠纷。特别是在20世纪90年代后期,当时国家重视司法的推进,诉讼成为纠纷解决的最为主要的方式,但是还是有许多案件不属于或者不适合法院主管。例如,农村的土地承包纠纷、土地林木权属纠纷等,使当事人求助无门。另外,人们的法律素质没有跟上立法的发展,加之很多地区的法律服务有限,导致很多当事人不了解法律规定,不适应诉讼程序,没有通过诉讼达到救济的目的。因此,法院在扩大案源

的同时，又不得不拒绝大量的纠纷，造成基层群众“告状难”。[①] 人民调解作为一种重要的诉讼外纠纷解决方式，在化解民间纠纷上具有很好的效果，能够弥补诉讼解决纠纷的有限性。

3. 人民调解纠纷经济、便利

人民调解纠纷具有经济、便利的特点，主要体现在以下几个方面。首先，人民调解委员会调解纠纷不收取任何费用且调解组织的数量远远多于法院，分布也比法院广泛得多，当事人有纠纷可就地解决，能有效减轻当事人纠纷解决的成本。其次，从调解的方式来看，人民调解具有主动性，有利于及时解决纠纷。与民事诉讼程序的“不告不理”相比，人民调解员可以主动介入纠纷进行调解。特别是通过广布的调解组织网络，定期排查纠纷，在纠纷事态扩大前就将其消灭在萌芽状态、解决在基层。最后，从调解的程序上看，人民调解具有程序的简易性和处理的高效性。调解没有固定的程序，只要双方合意，可以采用简便的方式进行调解，随时可以达成协议，而不必像诉讼要经历烦琐的程序和较长的时间。因此可以说人民调解具有经济、便利的特点。

4. 纠纷解决效果好

人民调解坚持自愿原则，以说服、疏导的方法为主，有助于恢复当事人之间破损的关系。调解的进行是以纠纷当事人的自愿为前提，调解的启动、进行以及结果的履行等都取决于当事人的自愿。调解员虽然在调解过程中可以进行说服劝解，甚至可以提出解决的方案，但采用与否仍取决于当事人。调解的气氛温和，以说服、疏导的方法为主，易于消除紧张气氛。调解协议是当事人协商的结果，只要不违反法律的强制性规定、不损害社会公共利益、不损害第三人的合法权益，当事人可自由处分自己的权利。如此一来，不但有助于解决纠纷，还便于当事人之间关系的恢复。尤其是在农村，村民成员具有错综复杂的血缘关系、亲缘关系，发生纠纷后通过调解的方式，能避免村民之间“伤感情、伤和气、伤面子”，使纠纷不仅在形式上、行为上，而且在当事人的心理上、情感上也得到消除，维系了原来和谐的人际关系。

纠纷解决的效果有时还要看裁决结果或是调解协议的执行情况，是否执行关系到纠纷是否得到彻底解决。从人民调解的执行率上来看，因为调解是建立在双方自愿的基础上制定的，人民调解协议的执行率都达到了95%以上，绝大部分都是当事人自愿履行的。当事人自愿履行协议也可以看出人民调解能够彻底地解决纠纷，达到较好的纠纷解决效果。

---

① 参见范愉：《纠纷解决的理论与实践》，清华大学出版社2007年版，第535页。

（二）社会治理与政治管理功能

人民调解主要依托于村（居）民委员会组织，具有群众性和自治性，被视为当代中国社会治理系统的一个基本环节。依据《村民委员会组织法》《城市居民委员会组织法》，村（居）民委员会是群众自我管理、自我教育、自我服务的基层群众性自治组织。其任务主要有：办理本区域内的公共事务和公益事业；调解民间纠纷；协助维护社会治安；向人民政府反映群众的意见、要求和提出建议；宣传宪法、法律、法规和国家的政策；协助政府开展工作等。这些任务决定了村（居）民委员会在完成社区自治的同时，还承担着重要的政治和意识形态的功能，实现着对基层民众的组织、管理和教育。可以说，在我国，人民调解是基于社会调整的需要而产生的一种不可或缺的社会治理手段。

（三）弘扬传统文化与道德的功能

目前，我国正处在社会转型期，在这一时期，社会经济结构、文化形态、价值观念等发生着深刻变化。此时，对于所有社会纠纷的解决完全依靠国家法律是不够的。因为法律在任何社会里都不是唯一的和全部的社会准则，尤其是随着社会的快速发展，法律的滞后性就越发明显。社会与国家需要传统文化与道德的支撑，来填补法律遗留的空白，甚至，有时这就是制定国家法律的渊源。人民调解恰恰能够承担弘扬传统文化与道德的职责。实践中，人民调解在解决纠纷时依据的规则不仅有法律法规，还有公共道德、风俗习惯、情理等社会规范与传统文化。对于当事人与其他群众来讲，人民调解员的说服教育实际上就起到灌输社会主流价值观念、维护社会公共道德、培养社会凝聚力及健康的人际关系的作用。

（四）人民调解进行了法治宣传，增强了普法工作的针对性和实效性

调解实务中，调解员需要向当事人解释纠纷所涉及的法律、法规、政策，这本身就是法治宣传的重要方式。事实上，人民调解宣传法治的功能一直受到国家的重视。2002 年 9 月司法部《人民调解工作若干规定》明确了人民调解委员会的任务之一就是“通过调解工作宣传法律、法规、规章和政策”。《最高人民法院、司法部关于进一步加强人民调解工作切实维护社会稳定的意见》更是强调“要充分发挥人民调解组织和人民调解员分布广、贴近群众的优势，坚持在调解工作中深入开展法制宣传和道德教育，提高群众的法律素质和道德修养”。《人民调解法》也规定人民调解员根据纠纷的不同情况，可以采取多种方式调解民间纠纷，充分听取当事人的陈述，讲解有关法律、法规和国家政策。人民调解员解决纠纷的过程就是对当事人及群众的一种切身的普法教育的过程。

（五）对公众进行教育启示的作用

民间纠纷的发生总有规律性与相似性，当事人之间发生的个案，在全国或某一

地域甚至本地的社区都能找到相似的纠纷,或者潜在的尚未爆发的纠纷。纠纷调解的过程关键之处不仅在于制定各方都能接受的调解协议,还在于是非评判、说法论道。调解时往往先需要回顾、了解整个纠纷的经过,在纠纷的回顾过程中,调解员往往会发现在纠纷发展的不同阶段,或多或少都能够找到双方当事人的不足之处或是不妥之处,这是矛盾的主要原因,也是人民调解员调解纠纷的关键点。抓住这些关键点,用法律、政策、道德、习惯、风俗、情理等进行评断,对纠纷的当事人是评断是非,对于旁观的群众来讲是一次很好的受教育、受启发的机会。纠纷当事人所面临的问题、矛盾,很多旁观者也能够在自己身上找到共同点或是相似之处。旁观的群众或是通过其他渠道了解该纠纷的人,便会学到遇到此类如何处理。例如,怎样防止矛盾扩大、如何处理人际关系、怎样保护自身合法权益以及不恰当处理的后果等。可以说,人民调解不仅仅向当事人以及人民群众宣传了法律、法规、政策,也不仅仅是树立了良好的道德风尚,更是向人民群众讲授了生活的艺术与做事的技巧,这些小小的艺术与技巧往往会起到“四两拨千斤”的效果,能够很好地避免问题与矛盾,在纠纷发展的初级阶段也能够将其化解,有效地减少了民间纠纷的发生及其带来的不良后果。

尤其是近年来,随着通信、传媒的发展,很多人民调解走上荧幕、网络、报纸、杂志甚至一些专门的涉及人民调解的杂志,人民调解对公众的教育与启发的效果会更好,其重要性完全可以与其解决纠纷的功能相当。

第二节　人民调解的原则

一、自愿平等原则

自愿平等原则可以理解为自愿原则与平等原则。

(一)自愿原则

自愿原则是指人民调解工作必须始终尊重当事人的意愿,不得将调解员的意志强加给当事人,也不得采取任何强迫措施。自愿原则要贯穿于调解活动的始终。具体包含以下两方面的内容:

1. 纠纷的调解必须出于当事人自愿

当事人发生纠纷后,调解委员会能否进行调解,要完全尊重当事人的意愿。如果当事人同意调解委员会进行调解,调解委员会就调解;如果当事人不同意调解委员会进行调解,调解委员会就不能违背当事人的意愿强行调解。

2. 协议的达成必须出于当事人自愿

达成协议,平息纠纷,是调解活动的重要内容,也是进行调解的目的。因此,调解人员在调解过程中要竭尽全力,促使双方当事人互谅互让,达成协议,其中包括对当事人进行说服教育,耐心疏导,晓之以理,动之以情,还包括向当事人提出建议方案等。进行这些工作,都要以当事人自愿为前提,不能带有任何强制性。调解人员既不能代替当事人达成协议,也不能把自己的意志强加于人。纠纷当事人无论是对协议的全部内容有意见,还是对协议的部分内容有意见而坚持不下的,协议都不能成立。

(二)平等原则

平等原则包含以下三方面的内容:

1. 纠纷当事人无论其民族、性别、职业、教育程度、家庭出身、社会地位、政治面貌、财产状况、宗教信仰、居住期限等方面有什么差别,在调解活动中都居于平等的地位,享有平等的权利和承担平等的义务。

2. 调解人员对纠纷当事人在适用政策法律上一律平等,即纠纷当事人谁对谁错,谁应当受到保护,谁应当承担责任,要用同一个标准和尺度来衡量,不偏袒一方、歧视一方。

3. 调解人员与当事人的地位平等,不能高居于当事人之上压服当事人。

二、不违背法律、法规和国家政策原则

不违背法律、法规和国家政策的原则主要是指人民调解委员会调解纠纷时,不得违反法律、法规及国家政策的规定。对于该项原则,可以从以下两点理解:

1. 法律、法规、政策体现了国家民族的核心利益、整个社会的公平正义以及社会的一般准则,具有最高权威。国家的法律、法规和政策是人民调解组织调解民间纠纷的主要依据。因此,人民调解员在调解纠纷的过程中一定要熟知法律、法规、政策。调解协议的内容不得违反国家法律、法规、政策,否则调解协议的内容不会得到国家法律的支持,甚至还可能会因为违法而被撤销。

2. 法律、法规、政策是调解的主要依据,但不是唯一的依据。在不同的情况下,面对不同类型的纠纷、不同的纠纷主体,可以采用不同的依据进行调解。比如,可以依照社会公德、村规民约、公序良俗、行业惯例进行调解,只要没有违反国家法律、法规、政策,就可以作为调解的依据。

三、尊重当事人权利原则

尊重当事人权利原则,是指人民调解委员会在调解纠纷时应当尊重当事人的

权利,不得因调解而阻止当事人依法通过仲裁、行政、司法等途径维护自己的权利。

(一)尊重当事人的实体权利

当事人在纠纷处理的过程中对实体权利的处分具有决定权。比如,调解协议中涉及对方责任的追究方式;涉及金额的多少;协议履行的时间、方式等,都应由当事人自主决定。人民调解员在调解过程中可以采取多种方式进行说服、调解,可以提出解决问题的方案,但接受与否仍取决于当事人。

(二)尊重当事人通过仲裁、行政、司法等途径解决纠纷、要求救济的程序权利

人民调解不是纠纷解决的唯一办法,在我们国家还存在纠纷主体自行和解、公证、仲裁、行政救助、诉讼等途径。人民调解是化解矛盾纠纷的有效机制,但不是唯一机制。人民调解不能代替仲裁、行政和司法等解决纠纷机制,也不是这些机制的前置程序或必经程序。调解的进行以纠纷当事人的自愿为前提,调解的启动、实施以及协议的达成等都取决于当事人的自愿。当事人不接受调解、对调解协议反悔或不履行调解协议的,还可以向人法院提起诉讼或者采用其他方式维护其合法权益,不得因未经调解或调解不成而加以阻止、妨碍。

第三节　人民调解组织和人员

一、人民调解委员会

(一)人民调解委员会的设立

《人民调解法》规定了设立人民调解委员会的不同形式及不同要求。一是村(居)民委员会设立人民调解委员会。这里的“设立”是“应当设立”“普遍设立”;二是企(事)业单位“根据需要”设立人民调解委员会;三是乡镇、街道、社会团体或其他组织“根据需要可以参照《人民调解法》有关规定”设立人民调解委员会。

多种形式的人民调解组织可以更好地适应化解不同类型、不同领域矛盾纠纷的需要。不同形式人民调解组织的具体任务有所差别,但它们的性质都是群众自治组织,并且应听取群众意见,接受群众监督。截至 2018 年年底,全国共有行业性、专业性人民调解组织 4 万余个,其中医疗纠纷人民调解组织 6810 个,道路交通人民调解组织 5512 个,劳动争议人民调解组织 7027 个,物业纠纷人民调解组织 5066 个。

（二）人民调解委员会的构成

人民调解委员会由委员3～9人组成，具体人数可根据需要由设立单位自行确定。人民调解委员会委员由其设立单位推选产生，每届任期三年，可以连选连任，使人民调解委员会具有广泛的代表性。人民调解委员会设主任一人，必要时，可以设副主任若干人。从有利于纠纷解决的实际出发，充分发挥妇女和各民族成员调解相关民间纠纷的独特优势。《人民调解法》规定，人民调解委员会应当有妇女成员，多民族居住的地区应当有人数较少民族的成员。

二、人民调解员

（一）人民调解员的产生

人民调解员包括经推选产生的人民调解委员会委员和人民调解委员会聘任的人民调解员两类。村（居）民委员会的人民调解委员会委员由村民会议或者村民代表会议、居民会议推选产生；企（事）业单位设立的人民调解委员会委员由职工大会、职工代表大会或者工会组织推选产生。近年来，各地在完善选举方式的同时，普遍实行了聘任制，采取公开招聘、民主推荐、竞争上岗等办法，将辖区内懂法律、有专长、热心人民调解工作，被群众认为公道正派的人员充实到调解员队伍中来，使人民调解员队伍构成更加科学，调解能力进一步提高。人民调解员无论是推选产生还是聘任产生，两者只是选任方式的不同，在人民调解工作中的权利、地位平等，作用同等重要。

（二）人民调解员的任职条件

人民调解员应当由公道正派、热心人民调解工作，并具有一定文化水平、政策水平和法律知识的成年公民担任。鉴于人民调解工作的特点，在人民调解员的选任条件上，应侧重其综合素质和工作能力等。做好人民调解工作，妥善化解矛盾纠纷的关键在于人民调解员得到群众的信赖、认可和信服，在于工作热情、奉献精神，在于政策水平、调解技巧等。

第四节　对人民调解工作的指导

根据《人民调解法》的规定，国务院司法行政部门负责指导全国的人民调解工作，县级以上地方人民政府司法行政部门负责指导本行政区域的人民调解工作。基层人民法院对人民调解委员会调解民间纠纷进行业务指导。由此对人民调解委员会的指导可以分为:司法行政部门的工作指导与人民法院的业务指导。

一、司法行政部门对人民调解工作的指导

(一)国务院司法行政部门负责指导全国的人民调解工作

一般而言,国务院的司法行政部门——司法部负责指导全国的人民调解工作。作为全国最高级别的司法行政部门,司法部的主要职责是对全国的人民调解工作进行宏观的指导。一般包含以下工作内容:(1)传达并贯彻落实国家有关人民调解工作的决定、指示。(2)拟订指导全国人民调解工作的方针、政策,起草有关工作法规和规章;解释、批复人民调解工作中的法律、政策方面的问题。(3)制定全国人民调解工作的发展规划和年度计划并组织实施,指导、监督和检查各地贯彻执行情况。如2016年,司法部会同中央综治办、最高人民法院、民政部下达了《关于推进行业性专业性人民调解工作的指导意见》,推进人民调解专业化与行业化的建设。(4)调查研究全国人民调解工作发展状况、规律,制定加强和改进工作的意见措施,总结推广先进经验。(5)制订全国人民调解工作的培训计划,组织编写培训教材,开展示范培训并指导监督各地组织实施。(6)组织全国人民调解工作的新闻宣传和理论研究工作,以及其他应当由其负责的有关人民调解的工作。

(二)县级以上地方人民政府司法行政部门负责指导本行政区域的人民调解工作

1. 司法行政部门以行政区域来确定自己的指导对象

行政区域是国家为实行分级管理而划分并设立相应国家机关的区域。以现在的行政区域划分看,全国分为省、自治区、直辖市;省、自治区分为自治州、县、自治县、市;县、自治县分为乡、民族乡、镇。直辖市和较大的市分为区、县。自治州分为县、自治县、市。每个级别的行政区域均有相应的行政机关行使相关的行政职权。以行政区域来确定行政管辖的范围,一方面,便于国家进行自上而下的宏观调控和指导;另一方面,有助于各个地方政府确定行政管辖的范围,明确其职权与职责,避免出现行政管辖冲突或行政管辖权空置的现象。

《人民调解法》规定司法行政部门以行政区域来确定自己的指导对象,也正是由于这个原因。司法行政部门对人民调解委员会的指导,其本质也是一种行政权的行使。这样规定有助于使各个司法行政部门明确对人民调解委员会工作指导权的地域管辖,也有助于人民调解委员会明晰、接受相应行政机关的工作指导。

2. 县级以上地方人民政府司法行政部门负责指导本行政区域的人民调解工作

主要工作为:(1)根据党的路线、方针、政策和国家法律、法规,依据本行政区域

的特点制定有关人民调解工作的方针、政策、规章和规范性文件;制定本行政区域内人民调解工作的发展方向、目标和规划,提出具体任务和措施,并负责督促、检查和落实。(2)做好人民调解委员会的组织建设、队伍建设、业务建设和制度建设的指导工作。明确本地区人民调解建设的标准与要求,整体提高本行政区域的人民调解委员会的规范化建设。(3)根据本地区人民调解工作的实际情况以及民间纠纷的特点与规律,总结人民调解工作方法和经验,指导人民调解委员会改进工作。(4)总结交流经验,及时总结推广本地区以及全国其他地区人民调解工作的成功方法和经验,大力宣传人民调解工作的优秀事迹以及优秀案例。(5)加大本行政区域人民调解工作的宣传,尤其是人民调解在纠纷解决上的特点与优点,以加深群众对人民调解工作的认识。(6)对本行政区域内人民调解工作存在的困难与问题,提出有针对性的措施,及时解决。

另外,根据《人民调解法》第14条第2款的规定:“县级人民政府司法行政部门应当定期对人民调解员进行业务培训。”人民调解员的业务素质直接关乎人民调解工作的质量,是人民调解工作的核心,因此加强业务培训是司法行政机关指导人民调解工作的重要职能。2003年司法部下发了《关于加强人民调解员培训工作的意见》对人民调解员培训的指导思想、工作目标、内容、方式、方法作了规定。按照相关法律法规的规定,县级司法行政部门要结合本地实际,制定完备的人民调解员培训规划,明确培训的目标、任务、人员、内容、方式、方法和经费保障等,并精心组织,定期实施,切实提高人民调解员的业务素质和调解能力。

3. 乡镇、街道司法所负责人民调解日常工作的指导

乡镇、街道司法所是县(区)司法行政部门的派出机构,贴近基层、网络健全、组织严密、工作便利,是司法行政部门指导人民调解工作的重要前沿,主要包括以下内容:负责解答、处理人民调解委员会或者纠纷当事人就人民调解工作有关问题的请示、咨询和投诉;应人民调解委员会的请求或者根据需要,协助、参与对具体纠纷的调解活动;对人民调解委员会主持达成的调解协议予以检查,发现违背法律、法规、规章和政策的,应当予以纠正;总结交流人民调解工作经验,调查研究民间纠纷的特点和规律,指导人民调解委员会改进工作。

二、人民法院对人民调解工作的业务指导

人民法院与人民调解委员会在化解民间纠纷的功能上具有相似之处。尤其是基层人民法院,其受案范围(即民事纠纷)与人民调解受理范围(即民间纠纷)有很大部分是重合的;两者在化解纠纷的技巧方面也有相通之处,特别是法院的司法调

解与人民调解的工作方法可以互相借鉴。两者的区别主要在于，司法裁判的效力具有既判力，可以申请执行；人民调解协议的效力具有一般法律效力，需要司法确认才具有类似判决的效力。另外，因为精通法律，法官主持的司法调解或是做出的裁判，在法律适用上比人民调解员更为准确，这正是人民调解员亟须加强的。基于以上原因，《人民调解法》规定由基层人民法院对人民调解委员会调解民间纠纷进行业务指导，以便发挥基层审判机关的优势，增强业务指导的针对性和实效性。基层人民法院对人民调解进行业务指导可以从以下三方面进行。

（一）基层人民法院与司法行政部门密切配合进行指导

加强对人民调解活动的指导，需要基层人民法院通过与司法行政部门进行密切配合、通力合作，共同开展工作。县级司法行政部门和基层司法所，应当主动加强与基层人民法院的联系、配合。根据《人民调解法》第10条的规定，县级人民政府司法行政部门应当对本行政区域内人民调解委员会的设立情况进行统计，并且将人民调解委员会以及人员组成和调整情况及时通报所在地基层人民法院。

基层人民法院与司法行政部门密切配合对人民调解进行指导的方式灵活多样，此处简要介绍实践中采用较多且效果较为突出的几种做法。

1. 邀请基层人民法院的法官对人民调解员进行业务培训。县级司法行政部门在举办人民调解员培训班时，邀请基层人民法院的法官对人民调解员进行业务培训，包括讲授法律知识、传授调解技巧、分析典型个案等方式对人民调解员进行业务指导。

2. 组织人民调解员到法庭旁听、安排人民调解员参与庭审前辅助工作等方式提高人民调解员的业务能力。

3. 人民法院聘请人民调解员担任人民陪审员，提升其业务能力。根据《民事诉讼法》及相关法律的规定，人民陪审员在人民法院执行职务期间，是所参加审判案件合议庭的组成人员，与合议庭成员有同等权利。人民陪审员有权查阅所审理案件的全部卷宗材料和参与调查核实案情；参加案件的庭审。庭审中，可向当事人、证人、鉴定人询问，核对事实和证据；参与合议庭评议案件。评议时，提出自己对案件事实的认定和处理的意见，并在评议笔录及判决书上署名，对判决书共同负责；人民陪审员享有参加有关法律知识和审判业务知识培训的权利，法院应当提供人民陪审员参与学习和培训的便利和必要条件；以及法律规定的其他权利。由此可见，聘请人民调解员担任人民陪审员对于人民调解员法律业务的提升具有重要作用，是基层人民法院对人民调解员进行业务指导较为实用的方法。

（二）基层人民法院通过司法审查的形式对人民调解进行指导

《人民调解法》第32条规定："经人民调解委员会调解达成调解协议后，当事人之间就调解协议的履行或者调解协议的内容发生争议的,一方当事人可以向人民法院提起诉讼。”第33条第1款规定:“经人民调解委员会调解达成调解协议后,双方当事人认为有必要的,可以自调解协议生效之日起三十日内共同向人民法院申请司法确认,人民法院应当及时对调解协议进行审查,依法确认调解协议的效力。”《最高人民法院关于人民调解协议司法确认程序的若干规定》也对司法确认的程序作了详细规定。

基层人民法院可以利用司法审查的机会对人民调解进行指导。例如,在司法确认时,人民调解协议在制作过程中存在的适用法律、认定事实、司法确认申请程序等问题。人民法院应当对此及时总结并反馈给当地的司法行政部门,以便及时发现、总结当地人民调解工作存在的不足与问题,采取有效的改进措施。

(三)基层人民法院通过人民调解与司法调解衔接的方式进行指导

人民调解与司法调解可以实现有效的衔接。2000年后,在全国很多省市开展的“大调解”工作,实现了人民调解与司法调解的有效衔接。具体措施因地而异,比较成熟的方法有两种:

1. 庭前调解机制的建立

在法院设立庭设立调解窗口,由有经验的法官以及优秀的人民调解员来负责。对未经人民调解委员会调解的家事案件、小额债务纠纷以及小额损害赔偿纠纷、邻里纠纷等一般民事案件和因民间纠纷引发的轻微刑事案件,当事人到法院起诉的,立案庭应主动宣传人民调解工作的特点、优势,告知并建议当事人首先选择人民调解组织调解。当事人同意接受人民调解组织调解的,法院可将案件转移至调解委员会处理。现在全国很多法院已经开设了调解窗口,如上海市、大连市、保定市等地法院均已开设了这一类的窗口,纠纷解决的效果显著。

2. 构建诉讼中委托调解制度

案件进入诉讼程序后,对于有可能通过调解解决的案件,司法机关可以委托人民调解组织调解。法院也可以专门设置负责调解的法官与人民调解员一并进行调解。一方面,司法机关可以在保证公正与效率的前提下减少诉讼成本,节约司法资源,实现诉讼效益最大化;另一方面,人民调解组织通过参与司法调解,可以强化业务素质,提高业务水平。

另外,需要指出的是,加强对人民调解工作的指导,需要基层人民法院切实采取有效措施和制定相关制度,如把指导人民调解工作与审判质量效率评估体系建设结合起来,用制度来引导和激励广大基层法官在实践中努力实现审判活动与人民调解的协调运行。

第五节 对人民调解工作的支持

《人民调解法》的出台，使对人民调解工作的支持得以制度化、法律化。《人民调解法》第 6 条规定：国家鼓励和支持人民调解工作。县级以上地方人民政府对人民调解工作所需经费应当给予必要的支持和保障，对有突出贡献的人民调解委员会和人民调解员按照国家规定给予表彰奖励。

一、国家鼓励和支持人民调解工作

《人民调解法》的实施，明确了党和国家对人民调解工作的充分肯定和积极倡导的态度。国家对人民调解工作的支持表现在以下两方面。

其一，从制度上、政策上对人民调解所需的物质条件与经费予以保障。1985 年，司法部与财政部联合下发了《关于修订〈司法业务费开支范围的规定〉的通知》，对调解费性质、开支范围作出规定，将人民调解工作经费和补贴经费明确列入财政开支范围。1989 年，《人民调解委员会组织条例》将人民调解委员会的工作经费和调解委员的补贴经费，交由村民委员会或居民委员会解决。但由于县乡机构改革、税费改革和取消农业税等措施的实施，村（居）民委员会解决调解工作经费和调解员补贴经费已经难以落实，严重影响了广大人民调解员的工作热情，制约了人民调解作用的发挥。2007 年，财政部、司法部联合下发了《财政部、司法部关于进一步加强人民调解工作经费保障的意见》后，人民调解经费保障状况得到了很大改善。2010 年《人民调解法》的出台更是将人民调委员会的经费保障写入国家法律。

其二，国家出台相应政策、办法，对人民调解工作予以表彰奖励。司法部早在 1991 年就出台了《人民调解委员会及调解员奖励办法》；同时《人民调解委员会组织条例》与《人民调解工作若干规定》中也有相关的规定。

国家给予人民调解工作支持和保障，有利于提高人民调解工作物质保障能力，有利于激励和调动广大人民调解组织、人民调解员的工作积极性，有利于充分发挥人民调解的职能作用，必将极大地推动人民调解工作的发展。

二、县级以上地方人民政府对人民调解工作经费的支持和保障

（一）人民调解经费的范围

人民调解工作是要有必要的经费开支的。根据司法部、财政部修订的《司法业

务费开支范围的规定》，人民调解工作经费的开支范围包括：司法行政机关指导人民调解工作经费、人民调解委员会工作补助经费、人民调解员补贴经费。具体而言，司法行政机关指导人民调解工作经费包括：人民调解工作宣传经费、培训经费、表彰奖励费等；人民调解委员会补助经费是指对人民调解委员会购置办公文具、文书档案和纸张等的补助费；人民调解员补贴经费是指发放给被司法行政部门正式聘请的人民调解员调解纠纷的生活补贴费。

（二）人民调解工作的保障主体

为人民调解工作提供保障的是县级以上人民政府，即县（市、区），市（地、州），省（自治区、直辖市）三级政府，其经费来源为地方财政。具体保障方法为：

1. 司法行政机关指导人民调解工作经费列入同级财政预算。

2. 为支持人民调解委员会和人民调解员的工作，地方财政可根据当地经济社会发展水平和财力状况，适当安排人民调解委员会补助经费和人民调解员补贴经费。乡、镇（街道）、村（居）民委员会、企事业单位等设立人民调解委员会和人民调解员的机构应继续在各方面对其提供支持。

3. 人民调解委员会补助经费、人民调解员补贴经费的安排和发放应考虑每个人民调解委员会及调解员调解纠纷的数量、质量、纠纷的难易程度、社会影响大小以及调解的规范化程度。补助和补贴标准可由县级司法行政部门商同级财政部门确定。

此外，《人民调解法》第12条还明确规定，村（居）民委员会和企（事）业单位应当为其设立的人民调解委员会开展工作提供办公条件和必要的工作经费。既强化了人民调解委员会设立单位的保障责任，也是对政府财政保障的补充。

（三）经费保障的限度与管理

1. 经费保障的限度

县级以上地方人民政府对人民调解工作经费应当给予必要的支持和保障。一是《人民调解法》规定为县级以上地方人民政府对人民调解工作所需经费“应当”给予必要的支持和保障。也就是说，县级以上地方人民政府必须拨付人民调解工作所需经费，以确保人民调解工作顺利展开，这是一项硬性责任。二是给予“必要”的支持和保障，人民政府对人民调解经费的保障以“必要”为限。

2. 经费的管理

根据《财政部、司法部关于进一步加强人民调解工作经费保障的意见》的规定，人民调解工作经费由各级财政部门会同司法行政部门共同管理。司法行政部门要每年编报经费预算，报同级财政部门审批；使用过程中要严格把关，杜绝弄虚作假、瞒报、虚报现象。财政部门要加强对司法行政部门人民调解工作经费管理的监督检查。

财政部门和司法行政部门要加强协调配合,及时研究解决工作中遇到的新情况、新问题,将人民调解工作经费保障落到实处,促进人民调解工作的进一步发展。

（四）政府提供财政保障经费不会影响人民调解委员会的性质

国家支持人民调解工作是因为人民调解是需要成本的,而人民调解委员会作为群众自治性的组织并没有资金来源。为了充分发挥人民调解及时解决民间纠纷,维护社会和谐稳定,国家对其提供必要的经费保障。人民调解委员会的经费只是代表了国家对人民调解委员会与人民调解员工作的肯定,提供的费用只是人民调解工作的必要经费,而非工资。这样规定,一方面体现了人民调解委员会的非行政性,另一方面也体现了人民调解委员会的非营利性。经费保障只是国家支持和鼓励人民调解工作的具体表现,并没有改变群众自我教育、自我管理、自己解决自己问题的群众自治的性质。

三、对人民调解委员会和人民调解员的表彰奖励

广大人民调解组织和人民调解员扎根维护社会稳定的第一线,为了人民群众的安居乐业,为了社会的和谐、为了国家的长治久安,默默无闻、无私奉献,为国家安宁和社会和谐做出了重要贡献,理应得到国家、社会的表彰和奖励。近年来,每年都有4万多个人民调解委员会和10万名人民调解员受到各级人民政府和司法行政部门的表彰和奖励,充分调动了人民调解员工作的积极性,促进了人民调解工作的开展和社会影响力的提升。

（一）表彰奖励的主体

表彰奖励的主体为县级以上地方人民政府,即县（市、区）,市（地、州）,省（自治区、直辖市）三级政府,其表彰的性质属于政府表彰。各地方政府可根据本地的情况适时安排。一般情况可以以年为周期确定表彰奖励的次数,对有特殊贡献的集体和个人,可随时表彰奖励。

（二）表彰奖励的对象

表彰奖励的对象是人民调解委员会和人民调解员。人民调解组织包含了《人民调解法》所规定的村民委员会、居民委员会设立的人民调解委员会;企业事业单位根据需要设立的人民调解委员会(《人民调解法》第8条第1款);乡镇、街道以及社会团体或者其他组织根据需要可以参照《人民调解法》有关规定设立人民调解委

员会(《人民调解法》第34条);还包含了随着社会的发展出现的行业调解委员会、专业调解委员会等依照人民调解法设立的新型调解委员会。

根据《人民调解法》的规定,人民调解员,包含了专兼职在内的各类人民调解员。也就是说,专、兼职人民调解员在获得表彰奖励的权利上是相等的。

(三)表彰奖励的条件

表彰奖励的条件是人民调解委员会和人民调解员做出突出贡献。对突出贡献的认定应当结合本行政区域内的矛盾纠纷情况、人民调解工作效果等具体确定。人民调解委员会一般可以从其调解纠纷和防止民间纠纷激化工作成绩是否显著,其所在地是否有效降低刑事案件、群众械斗、自杀案件等恶性事件;该人民调解委员会是否积极开展法治宣传教育,预防民间纠纷效果是否显著等方面考察。对于人民调解员可以结合其工作态度、调解纠纷效果、业务理论水平、个案中的突出表现、紧急事件的处置情况、挽回人身财产损失情况等因素综合考虑。

(四)表彰奖励的形式

1. 授予荣誉称号。荣誉称号一般包括:模范人民调解委员会、模范人民调解员;优秀人员调解委员会、优秀人员调解员;先进人民调解委员会、先进人民调解员。事迹特别突出、贡献特别大的集体或个人,给予命名表彰。

2. 给予物质奖励。物质奖励一般以奖金的形式发放。

四、人民调解员的救助、抚恤与优待

《人民调解法》第16条规定,人民调解员从事调解工作,应当给予适当的误工补贴;因从事调解工作致伤致残,生活发生困难的,当地人民政府应当提供必要的医疗、生活救助;在人民调解工作岗位上牺牲的人民调解员,其配偶、子女按照国家规定享受抚恤和优待。

(一)困难救助

人民调解员在调解过程中也面临很多风险,特别是在处理群体性纠纷、重大复杂纠纷中,其人身安全常常受到威胁和伤害,有的甚至献出宝贵的生命。据不完全统计,全国每年约有3名至5名人民调解员牺牲在调解工作现场,在调解工作中受伤的更是数以千计。《人民调解法》规定,人民调解员因从事调解工作致伤、致残,生活发生困难的,当地人民政府应当提供必要的医疗、生活救助。这里的“因从事调解工作致伤、致残”,既包括人民调解员在开展调解工作过程中致伤、致残,也包括其他情形,比如,因前往调解现场的途中遭遇交通事故等意外致伤、致残,调解结束后被不法分子打击报复致伤、致残,等等。这种救助责任并非赔偿或补偿责任,只是一种补充性的最低救助责任，是在人民调解员无法通过其他合理渠道获得赔偿、救助时政府应承担的责任。

（二）抚恤和优待

《人民调解法》规定，在人民调解工作岗位上牺牲的人民调解员，其配偶、子女按照国家规定享受抚恤和优待。这里的“在人民调解工作岗位上牺牲”，既包括在开展人民调解工作中被不法分子故意或过失伤害致死的情形，也包括在人民调解工作岗位上遭遇意外牺牲的情形。对此，应按照民政部门规定确定抚恤和优待的具体内容，如符合烈士标准的，应追授烈士称号，其配偶、子女享受烈属待遇；符合见义勇为情形的，应授予见义勇为先进荣誉称号，并给予相应的抚恤金等。

第六章　行业性、专业性调解

第一节　行业性、专业性调解概述

一、行业性、专业性调解的内涵

（一）行业性、专业性调解的概念

当今市场经济发达国家在维持社会保持高度法治的同时，各种非政府组织、社会共同体或社团以及替代性纠纷解决方式在纠纷解决中的作用变得越来越大。所谓行业性、专业性调解，是指行业纠纷双方在行业协会或专业性调解组织的主持下，通过行业协会或专业性调解组织的专业优势促进当事人的沟通协调，并最终促成纠纷双方达成和解协议的纠纷解决过程。

（二）行业性、专业性调解的必要性

随着中国改革进入攻坚期和深水区，社会稳定进入风险期，各种矛盾纠纷多发易发，影响社会和谐稳定。特别是在医疗卫生、劳动争议、环境保护等行业、专业领域的矛盾纠纷，如果不及时化解，将会影响社会稳定。有效预防和化解行业性、专业性矛盾纠纷，事关人民群众切身利益，事关社会和谐稳定大局。进一步加强行业性、专业性人民调解工作，积极推动人民调解向这些领域延伸，依法及时化解矛盾纠纷，充分发挥人民调解在社会矛盾纠纷调解体系中的基础性作用，对于创新社会治理体系、提高社会治理能力，维护相关行业领域正常秩序、维护人民群众合法权益、维护社会和谐稳定具有重要意义。

1. 行业性、专业性矛盾纠纷大量上升

近年来，随着我国经济体制深刻变革、社会结构深刻变动、利益格局深刻调整、思想观念深刻变化，各种矛盾纠纷不断增加，呈现出复杂性、多样性、专业性和面广量大的特点，特别是行业性、专业性矛盾纠纷大量上升，已经成为影响社会和谐稳定的难点、热点问题。大力加强行业性、专业性人民调解委员会建设，及时有效地化解特定行业和专业领域出现的难点、热点矛盾纠纷，对于加强和创新社会管理，维护社会和谐稳定，势在必行。

2. 许多陷入纠纷的当事人不愿进入诉讼又不得不选择诉讼

因为诉讼是有风险和成本的，许多当事人因为陷入纠纷、缠于诉讼，无形中消耗了大量精力，影响正常业务的开展，同时司法判决本身也未必能满足当事人的全部期待；而中国非诉讼纠纷解决方式的运用不够普遍，运行机制还不够健全，在多数情况下当事人不得不通过诉讼来解决自己的问题。

3. 专业性、行业性调解有利于缓解人民法院办案压力

目前，中国的各种纠纷大多依靠人民法院解决，人民法院处于超负荷运行状态，“诉讼爆炸”的现实危机使纠纷无法得到迅速解决，审判质量和执行效果会受到较大影响，不利于保护当事人的合法权益，且给人民法院造成了很大的压力，导致社会矛盾加剧。发挥行业性、专业性调解的作用，有利于减缓诉讼压力，实现纠纷解决的合理分流，使人民法院能够集中精力办案，这有利于司法公正；同时，人民法院对于行业性、专业性调解仍可起到把关作用，防止行业性、专业性调解运作过程中出现的“偏离公正”现象的发生。行业性、专业性调解是应当大力发展的非诉讼解决方式之一。

（三）行业性、专业性调解的优势

1. 争端解决成本低

司法诉讼、商事仲裁是解决纠纷的重要手段，但存在耗时长、费用高等缺点，企业之间的纠纷进入诉讼程序，则意味着要投入较高的诉讼成本，包括两个方面：一个是社会成本，另一个是经济成本。社会成本包括声誉成本和关系成本，经济成本则包括各种费用的支出、时间耗费以及可能带来的各种机会成本的损失。很多情况下无法很好地满足当事人维护其合法利益的要求。行业性、专业性调解成本、社会成本和经济成本相对较低。

2. 行业性、专业性调解组织专业性强

行业性、专业性调解组织具有专业优势，了解本行业的情况，能够促进纠纷双方有效地进行沟通，为纠纷双方提供切实可行的建议或纠纷解决方案。行业性、专业性调解程序相对简便，调解的过程只要能促进双方有效对话、有效地解决纠纷即可，纠纷双方在行业性、专业性调解组织的主持下，达成合意可以一次性解决双方的各种纠纷。调解过程可以随着纠纷的解决随时终止。行业性、专业性调解组织调解行业纠纷时，与诉讼相比，可有效地避免“一刀两断”式的纠纷解决方式，为纠纷双方将来可能发展的合作关系预留了空间。

调解作为一种与诉讼、仲裁有很大不同的法律争议解决办法，具有高效省时、

保密灵活、不伤和气、费用低廉的特点。当事人在发生争议后,可以通过选择具有一定专业知识和法律知识,并在行业内具有一定威信的调解员,由调解员通过说服或劝导等方式,使当事人之间的争议在互谅互让的基础上得到解决。因此行业调解是一种非常适合企业解决法律争议的方式。一个行业需要秩序,行业中的成员需要一个良好的行业环境,这些都要求行业协会对行业内成员间的纠纷负责;成员则享有要求行业协会提供包括调解在内的合理服务的权利。正是这种权利义务关系为行业协会调解提供了正当基础。行业性、专业性调解作为中国同行企业纠纷解决机制的重要一环,一般由协会设立的调解中心承担。调解中心对会员企业开展调解工作,为企业增强法律意识和加强行业自律以及维护企业利益服务,具有司法诉讼、商事仲裁解决纠纷不具备的独特优势。

二、行业性、专业性调解组织的建设

行业性、专业性调解组织的调解工作有效开展是需要一定条件做保证的,主要包括以下几个方面。

(一)工作经费的保障

《司法部关于加强行业性专业性人民调解委员会建设的意见》(司发通〔2011〕93 号)规定,各级司法行政机关应当会同相关部门按照人民调解法的规定和《财政部、司法部关于进一步加强人民调解工作经费保障的意见》(财行〔2007〕179 号)的要求,积极争取党委、政府和有关部门的重视和支持,把行业性、专业性人民调解委员会工作经费纳入政府保障,全面落实人民调解工作指导经费、人民调解委员会补助经费、人民调解员补贴经费。设立行业性、专业性人民调解委员会的社会团体或者其他组织,应当为其开展工作提供办公条件和必要的工作经费。要积极争取各级党委、政府和有关部门出台地方性法规、规章和政策,为行业性 、专业性人民调解委员会开展工作提供法律或者政策保障。

(二)加强行业性、专业性调解组织建设

行业性、专业性人民调解委员会是在司法行政机关指导下,依法设立的调解特定行业、专业领域矛盾纠纷的群众性组织。司法行政机关要加强与有关行业主管部门协调配合,根据相关行业、专业领域矛盾纠纷情况和特点,指导人民调解协会、相关行业协会等社会团体和其他组织,设立行业性、专业性人民调解委员会或依托现有的人民调解委员会设立人民调解工作室。要重点加强医疗卫生、道路交通、劳动争议、物业管理、环境保护等行业性、专业性人民调解组织建设,进一步扩大人民调解工作覆盖面。对于本地相关行业、专业领域需要设立人民调解组织的,要主动

向党委、政府汇报，与有关部门沟通协调，及时推动设立。已设立的行业性、专业性人民调解组织，要进一步巩固提高，规范组织名称和标牌、标识使用，健全各项制度，有效开展工作。对未设立行业性、专业性人民调解组织的，现有人民调解委员会应将辖区内行业性、专业性矛盾纠纷纳入调解范围。

司法行政机关要切实加强与有关行业管理部门、社会团体和组织联系和沟通，相互支持、相互配合，共同指导和推动行业性、专业性人民调解委员会的建立。社会团体或者其他组织可以结合相关行业和专业特点，在县级司法行政机关的指导下，设立行业性、专业性人民调解委员会，并将人民调解委员会以及人员组成及时报送所在地县级司法行政机关。行业性、专业性人民调解委员会要以方便调解为目的设立办公地点，名称由"所在市、县或者乡镇、街道行政区划名称"、"行业、专业纠纷类型"和"人民调解委员会"三部分内容依次组成。人民调解委员会在特定场所设立人民调解工作室调解特定民间纠纷的，名称由"人民调解委员会名称""派驻单位名称"和"人民调解工作室"三部分内容依次组成。要在固定的调解场所内悬挂统一的人民调解工作标识，公开人民调解制度及调解委员会组成人员，便于当事人选择调解员调解纠纷。

（三）加强行业性、专业性调解队伍建设

行业性、专业性调解组织的调解员，一般由本行业专家和法律专家共同组成，体现行业特点与法律的结合。行业专家应当是在行业协会或相关单位中担任领导职务的行业带头人或专家，涵盖与本行业有关的所有领域，保证该委员会作出的调解能够充分考虑到本行业的行业特点，并具有较高的权威性和可执行力。法律专家应当是长期从事商事法律工作的专家，他们可以从法律的角度出发，保证调解过程中程序与实体完全符合法律规定。专业的调解人员应当能够理解和把握本行业纠纷的特殊性，促进调解工作更加专业化，有利于及时化解行业纠纷。

《司法部关于加强行业性专业性人民调解委员会建设的意见》（司发通〔2011〕93号）规定，司法行政机关要加强对人民调解员推选、聘任的指导，吸收具有较强专业知识、较高政策水平、热心调解事业的人员，从事行业性、专业性矛盾纠纷调解工作，每个行业性、专业性人民调解委员会专门从事人民调解工作的人民调解员原则上不应少于3名。要充分发挥退休法官、检察官、警官、律师、公证员等法律工作者以及相关领域专家、学者的专业优势，参与调解行业性、专业性矛盾纠纷，形成年龄知识结构合理、优势互补、专兼职相结合的人民调解员队伍，实现人民调解员队伍专业化、社会化。要加强对人民调解员专业知识、法律政策知识和调解技能等培训，会同相关部门制订培训计划，坚持统一规划、分级负责、分期分批实施，共同组织好培训,不断提高人民调解员队伍整体素质,努力培养和造就一支适应化解行业性、专业性矛盾纠纷需要的高素质人民调解员队伍。

2014 年 9 月 30 日《司法部关于进一步加强行业性专业性人民调解工作的意见》(司发通〔2014〕109 号)规定,行业性、专业性人民调解委员会的调解员由设立单位或人民调解委员会聘任。根据矛盾纠纷的行业性、专业性特点,选聘具有相关专业背景和法学、心理学等专业知识的人员以及专家学者、法律服务工作者等为人民调解员,建立专兼结合、优势互补、结构合理的人民调解员队伍。通过政府购买服务等方式,配备专职人民调解员。行业性、专业性人民调解委员会主任一般由专职人民调解员担任。加强考核管理,及时了解掌握人民调解员的工作情况,对不胜任、不称职的人民调解员应及时指导聘任单位调整或解聘。加强人民调解员培训,把行业性、专业性人民调解委员会调解员培训纳入司法行政队伍培训规划。新任人民调解员须经司法行政机关培训合格后上岗。

三、行业性、专业性调解的种类

行业性、专业性调解,是指依法成立的行业组织内部设立的调解组织或专业性调解组织,对与其行业专业相关的民事纠纷进行调解的活动。行业协会作为行业自律性组织,承担着制定行业规则和标准,维护行业自治与行业权益,协调解决相关纠纷的社会责任。开展行业性、专业性调解是行业协会或专业性调解组织承担行业自治职能的重要表现。

行业性、专业性调解由行业性、专业性调解组织依托各行业协会或专业性调解组织进行,并接受司法行政主管部门的业务指导。推进行业性、专业性调解的重要突破点,在于鼓励支持各行业协会设立行业调解组织,让各行业组织积极参与到社会矛盾纠纷化解和社会治理中来,充分发挥行业调解在多元化调解体系中的独特优势。目前国内较为成熟的行业调解组织有:中国证券业协会证券纠纷调解中心、中国房地产业协会调解中心、北京物业管理行业协会物业纠纷调解中心等。

(一)中国证券业协会证券纠纷调解中心

中国证券业协会于 2012 年设立了中国证券业协会证券纠纷调解中心,目的在于妥善解决证券业务纠纷,保护投资者合法权益,维护证券行业整体利益,促进证券市场规范和谐发展。为此,中国证券业协会先后制定了《中国证券业协会证券纠纷调解工作管理办法》《中国证券业协会证券纠纷调解规则》两项业务规则,以此规范证券行业纠纷的调解程序。此外,中国证券业协会充分发挥地方协会在区域行业自理管理中的作用,与全国 36 家地方协会建立了证券纠纷调解协作机制,使中国证券业协会主导的证券纠纷调解工作可以在全国各个地区开展。通过地方协会处理证券纠纷，可以就地、就近、快速地解决证券纠纷，降低调解工作成本，提高调解工作效率。为了满足不同地区经济发展状况和市场需求情况，中国证券业协会支持有条件的地方协会建立调解机构和自行聘任调解员，并指导地方协会开展证券纠纷调解工作。中国证券业协会还建立了依托互联网的证券纠纷调解工作系统，实现调解中心与地方协会之间的调解工作衔接和信息共享，及时统计各地方协会证券纠纷调解工作进展情况。

中国证券业协会证券纠纷调解中心的调解人员主要由证券业协会、证券公司、高等院校、律师事务所的专业人士构成，专兼职调解人员289人。该调解中心目前主要受理：会员与投资者之间发生的证券业务纠纷、会员与会员之间发生的证券业务纠纷、会员与其他利益相关者之间发生的证券业务纠纷。经过多年的工作实践，由中国证券业协会主导、地方证券业协会协作配合、会员单位积极参与的证券纠纷行业调解已逐步完善，在纠纷化解实践当中取得了积极成效。2021年，建立健全"总对总"证券期货纠纷在线诉调对接机制，升级中国投资者在线调解平台，组织36家证券期货调解组织全部入驻，实现与人民法院调解平台的全面对接。2021年，各调解组织共受理案件5479件，涉及金额28.58亿元，调解成功2856件，投资者获赔金额15.64亿元。①

（二）中国房地产业协会调解中心

中国房地产业协会调解中心是由2015年的中国房地产业协会第七届第三次会员代表大会审议成立的。中国房地产业协会调解中心制定了专门的调解规则、调解员守则及收费标准等。中心调解员的聘任及解聘由中国房地产业协会会长办公会决定，调解员除熟悉房地产业务外，还应熟悉房地产相关法律法规，并在行业内享有较高声誉。目前，该调解中心拥有超过100名经过专业培训和认证的调解员，主要由退休法官、仲裁员、资深律师、企业高管、高校专家组成。中心的受案范围为全国范围内与房地产有关的民事、商事纠纷，包括平等主体的自然人、法人和其他组织之间发生的与房地产、建筑工程、部品部件采购、征收补偿、房地产金融等相关的经济纠纷。

（三）北京物业管理行业协会物业纠纷调解中心

北京物业管理行业协会物业纠纷调解中心成立于2013年，是北京物业管理行

---

① 参见《中国证监会2021年法治政府建设情况》，载中国政府网，http://www.gov.cn/xinwen/2022-04/10/content_5684351.htm。

业协会的内设机构。北京物业管理行业协会制定的办法和规则有《北京物业管理行业协会调解中心调解员管理办法(试行)》《北京物业管理行业协会物业纠纷调解工作管理办法(试行)》《北京物业管理行业协会物业纠纷调解规则(试行)》。调解员包括协会秘书处工作人员、会员单位推荐的行业专家、公益律师等。调解中心的调解范围包括:(1)物业服务合同纠纷;(2)招投标纠纷中与物业管理相关的纠纷;(3)与物业管理相关的保安、纠纷;(4)与物业管理相关的侵权纠纷(人身或财产损害赔偿);(5)服务企业间的不正当竞争纠纷;(6)物业企业的股权纠纷;(7)与业委会或业主间的知情权纠纷;(8)物业企业与其他企业间的合作协议纠纷。

第二节 行业性、专业性调解机制

一、行业性、专业性调解机制建设

(一)设立行业性、专业性人民调解委员会

行业性、专业性人民调解委员会由社会团体或者其他组织设立,由所在地的县级司法行政机关负责履行统计、培训等指导职责。建设行业性、专业性人民调解委员会,要严格遵守《人民调解法》的各项规定,坚持人民调解的特点和基本属性;坚持在当事人自愿、平等的基础上进行调解,不违背法律、法规和国家政策,尊重当事人的权利;坚持围绕中心、服务大局,围绕党委、政府和广大群众关注的难点、热点问题开展工作;要体现行业性、专业性人民调解委员会的特点,针对特定行业和专业领域的矛盾纠纷,运用专业知识,有针对性地开展矛盾纠纷预防化解工作,实现提前预防、及时化解、定分止争、案结事了;必须坚持司法行政机关的指导,确保行业性、专业性人民调解委员会的各项工作健康、规范、有序开展。

(二)行业性、专业性人民调解工作的基本原则

行业性、专业性人民调解工作要在坚持人民调解基本原则基础上,坚持党委、政府领导,司法行政机关指导,相关部门密切配合,共同推进行业性、专业性人民调解工作深入开展。要坚持以人为本,始终把维护当事人合法权益作为人民调解工作的出发点和落脚点,根据当事人需求,提供便捷服务,维护当事人的合法权益;坚持实事求是、因地制宜,从化解矛盾纠纷的实际需要出发,积极推动设立行业性、专业性人民调解组织,不搞“一刀切”;坚持尊重科学,着眼于矛盾纠纷的行业、专业特点和规律,运用专业知识,借助专业力量,提高调解的权威性和公信力;坚持改革创新,从我国基本国情出发,大力推进工作理念、制度机制和方式方法创新,努力实现

行业性、专业性人民调解工作创新发展。

（三）行业性、专业性人民调解委员会业务建设

根据矛盾纠纷的性质、难易程度和当事人的具体情况，充分发挥行业性、专业性人民调解委员会的职能优势，有针对性地开展调解工作。采取说服、教育、疏导等多种方式调解纠纷，促使纠纷当事人消除隔阂，在平等协商、互谅互让的基础上达成调解协议。达成调解协议的，既可以制作人民调解协议书，也可以采取口头协议方式，由人民调解委员会督促当事人履行协议；调解不成的，人民调解委员会应当及时终止调解，并引导当事人通过其他合法渠道解决。

建立健全学习、例会、疑难复杂纠纷讨论、考评、统计、档案管理和信息报送等制度，统一文书格式，规范卷宗档案格式，制作调解卷宗，做到一案一卷。按照统一的统计口径，对人民调解工作情况进行登记和统计，及时向司法行政机关报送《人民调解组织队伍经费保障情况统计表》《人民调解案件情况统计表》。

二、行业性、专业性调解的适用范围

行业性、专业性调解是行业或专业组织开展行业自治的重要方式。行业性、专业性调解为争端各方提供了平等对话的渠道，有助于矛盾主体紧张关系的缓解和促进个体达成共识，从而有效化解纠纷，稳固行业利益共同体。[①] 因此行业性、专业性调解的适用范围，必须是与各类行业活动相关的民事纠纷，如此才能体现行业调解的自治性、行业性和专业性。具体来说，行业性、专业性调解的适用范围主要包括：一是行业组织的会员之间以及会员与非会员之间发生的与行业活动有关的民事纠纷；二是虽然纠纷当事人不属于行业组织会员，但其纠纷内容与该行业事务有关的，也可以申请行业调解；三是纠纷当事人不属于行业组织会员，但其纠纷内容与专业性事务有关，也可以申请行业性、专业性调解。行业性、专业性调解的适用范围应限定在“与行业活动或专业活动相关”的民事纠纷上，充分发挥行业性、专业性调解组织的专业优势，达到行业自律、自治的目的。

三、行业性、专业性调解的程序

（一）行业性、专业性调解的启动方式

行业性、专业性调解程序的启动主要有以下三种：第一，当事人申请。当事人主动向相关的行业性、专业性调解委员会申请调解，对于属于该相关行业或专业的矛

---

① 参见熊跃敏、周杨：《我国行业调解的困境及其突破》，载《政法论丛》2016 年第 3 期。

盾纠纷,该相关的行业性、专业性调解委员会应该及时受理,依法调解,通过教育疏导等方式,帮助当事人在和平互让的基础上自愿达成调解协议。第二,有关部门移送。对于适宜调解的某一领域的矛盾纠纷,经当事人同意,有关部门将此纠纷移送给相关领域的行业性、专业性调解委员会,相关的行业性、专业性调解委员会应该及时受理,并且依据自身行业、专业的特点和规律,运用专业知识,借助专业力量,化解矛盾纠纷。第三,主动排查。对于行业性、专业性调解委员会排查出的矛盾纠纷,应该及时地引导当事人积极地进行调解,努力把矛盾纠纷化解在基层、消除在萌芽的状态。对于调解不成的,要引导当事人通过其他合法的渠道解决。

(二)依申请启动的程序

行业性、专业性调解组织要成功调解行业或专业纠纷,必须取得纠纷双方就“纠纷解决方式”和“纠纷解决方案”的双重合意。首先,“纠纷解决方式”是程序问题。纠纷解决方式由当事人选择,双方当事人选择了行业性、专业性调解,即意味着对解决自身纠纷双方在程序上有了合意。其次,“纠纷解决方案”是实体问题。纠纷调解涉及的是双方当事人对自身实体权利的处分,只有双方当事人有权决定以何种方式、何种方案解决双方的实体权利争议。最后,行业性、专业性调解组织作为一个社会组织,与纠纷双方是平等的主体,只有纠纷双方同意由行业性、专业性进行调解,调解才具有正当性,只有双方同意的调解方案,双方才会接受,才符合调解的本意。

1. 提交申请

当事人如果在发生法律纠纷后希望通过调解加以解决,可以向协会调解中心秘书处提出申请。行业性、专业性调解组织应当发挥其沟通协调的作用,使双方相互了解,促成双方在符合自身利益的前提下进行调解。企业在订立合同时可加入以下调解条款:“本合同之各方当事人均愿将因本合同引起的或与本合同有关的任何争议,提交本行业协会调解中心,按照申请调解时该中心现行有效的规则进行调解。经调解后如达成和解协议或调解员根据该和解协议的内容作出调解书,各方都要认真履行该和解协议或调解书中所载之各项内容。”

2. 受理并实施调解

当纠纷双方确定将纠纷交由行业性、专业性调解组织后,行业性、专业性调解组织将促使纠纷双方对最终的纠纷解决方案达成合意。在调解中心受理申请后,当事人可以选定一名行业专家和一名法律专家作为调解员进行调解。在这个过程中,行业性、专业性调解组织主要进行以下三个方面的工作:

第一,协调和沟通工作。纠纷的双方常常处于信息不对称的状态,对对方的情况并不了解;同时,纠纷的当事人并不一定了解自己在纠纷中所处的地位是有利还是不利。这些都需要行业性、专业性调解组织进行协调和沟通,进而为双方达成合意创造条件。

第二,提出和解建议。依据社会常识、法律规范及纠纷本身的事实关系等客观因素,提出某项和解建议,用以推动当事者向此和解建议靠拢的方式来引导合意的形成。

第三,促使双方当事人接受调解方案。行业性、专业性调解组织利用自身的中立身份和专业化水平,以及对纠纷的判断常同法院裁判的结果相近似的优势,促使纠纷双方逐渐由"固执己见"转变为"彼此认同",由"针锋相对"逐渐转变为追求"妥协与双赢",说服纠纷双方接受由其参与形成的调解方案。

当事人达成和解协议或由调解员出具调解书后,当事人就应按照和解协议或调解书执行,当事人还可将和解协议或调解书提交仲裁机构仲裁,仲裁庭将根据和解协议或调解书的内容作出裁决。但是,如果纠纷双方达不成调解协议或者在达成调解协议之后反悔,在这种情况下,应该遵循"司法最终解决"原则,允许当事人提起诉讼。

第七章　国外调解制度

诉讼外解决纠纷的方式原是各国普遍存在的纠纷解决方式,20 世纪后期,调解作为诉讼外解决纠纷方式的替代性方式得到许多国家的重视和提倡。世界上许多国家都兴起了对 ADR 的研究和推广应用,如美国、澳大利亚、日本、英国、德国等。

第一节　美国的 ADR 制度

一、ADR 的概念与起源

(一) ADR 的概念

ADR 是 Alternative Dispute Resolution 的英文缩写,译成中文称为代替性(或替代性)纠纷解决方式、诉讼外纠纷解决方式、非诉讼纠纷解决程序(或称机制)、法院外纠纷解决方法等。ADR 的概念起源于美国,是指 20 世纪后期在美国迅速发展的各种诉讼外纠纷解决方式和程序。“20 世纪 70 年代,用以代替诉讼的这些方法首次被称为替代性纠纷解决方法。”①ADR 是由一系列的非诉讼程序解决纠纷的方式构成的各种制度的总称。当事人可以根据需要选择适用,法院在诉讼的过程中也可以根据案情的可能性,建议当事人适用附设在法院的替代诉讼的纠纷解决方式,或将案件强制交付替代诉讼的纠纷解决机构处理。

ADR 的概念有广义与狭义之分,持广义观者认为,ADR 是包括仲裁,调解,谈判,行政机关的裁决、决定等所有非诉讼解决纠纷的方式总和。持狭义观者认为,ADR 是除仲裁,行政机关的裁决、决定外的非诉讼解决纠纷的方式总和。根据

---

① [美]斯蒂芬· B. 戈尔德堡、[美]弗兰克· E. A. 桑德、[美]南茜· H. 罗杰斯、[美]塞拉·伦道夫· 科尔:《纠纷解决——谈判、调解和其他机制》,蔡彦敏、曾宇、刘晶晶译,中国政法大学出版社 2004 年版,第 7 页。

1998 年美国的《ADR 法》(Alternative Dispute Resolution Act of 1998)的解释,ADR 是指在审判法官判决程序以外的,任何由中立的第三方参与以协助解决争议的替代性的纠纷解决程序和方法,包括早期中立评估、调解、小型审判和仲裁等。

1. 早期中立评估

早期中立评估(early neutral evaluation),是指在案件的诉讼程序初期,通常是在证据开示前,由中立的第三方,对当事人的诉讼请求和抗辩予以评价,评估他们各自的有利之处和不利之处,使当事人考虑是否和解,无法和解的也有利于当事人对争议的问题充分注意。

2. 小型审判

小型审判(mini trail),是指适用于复杂商务纠纷案件的一种方式,由法院的一名法官(非审理该案件的法官)或治安法官,或者其他一个中立方主持非正式的听证,由当事人授权的代表简单陈述案情,法官或中立者就案件发表咨询意见,供当事人参考,预判其诉讼前景,决定是和解还是继续诉讼程序。

3. 仲裁

仲裁(arbitration),是指对当事人之间的争议,由中立的第三方听证并对争议作出裁决的制度。这里包括有拘束力的仲裁和无拘束力的仲裁。[①] 有拘束力的仲裁(binding arbitration),是指仲裁人作出的裁决对双方当事人有程序上和实体上的法律效力。在程序上,当事人不得再行诉讼;在实体上,当事人应当履行仲裁裁决,不履行的,对方当事人可申请强制执行,如以往的商事仲裁。无拘束力的仲裁(non-binding arbitration),是指当事人可以选择仲裁程序,但是当事人也有权退出仲裁程序或者拒绝仲裁执行裁决而再选择诉讼,如附设法院的仲裁。法院附设的仲裁与自愿的仲裁不同,是指在美国的许多州法院和许多联邦地区法院根据法律或法庭规则所规定的一种强制的,但是不具有拘束力的裁判形式,由法院指定一位自愿的律师或者已经退休的法官为仲裁员,经过简化的非正式的听审程序后,由该仲裁员对争议作出裁决。如果当事人在裁决后的规定期间内不向法院要求重新庭审,那么该裁决成为终局裁决而生效。如果当事人在规定期间向法院要求重新庭审,那么该裁决不生效,案件的诉讼程序继续进行。[②] 目前中国还没有这种类型的仲裁制度,今后随着替代诉讼制度的发展可能会产生。

---

① 参见宋冰编:《程序、正义与现代化——外国法学家在华演讲录》,中国政法大学出版社 1998 年版,第 421 – 422 页。

② 参见宋冰编:《程序、正义与现代化——外国法学家在华演讲录》,中国政法大学出版社 1998 年版,第 303 页。

（二）ADR 的起源

美国学者认为 ADR 在本国的起源始于 20 世纪 20 年代，即 1925 年美国的《联邦仲裁法案》通过之后。[①] 在 1925 年之前，美国的法院对替代性纠纷解决方式持排斥态度，法院可以把当事人在合同中的仲裁条款视为可取消的条款，不认可当事人仲裁条款的有效性、拘束力。1925 年通过的《联邦仲裁法案》改变了这一状况，当事人在合同中的仲裁条款具有拘束力，即承认仲裁协议为有效合同。甚至，许多州的法律要求当事人通过仲裁解决纠纷，同时允许他们到法院对仲裁提起上诉。持这一观点者认为 ADR 应当作广义上理解。有学者认为 ADR 的正式应用是在 20 世纪 30 年代，当时处理劳资纠纷采用了由职业调解员介入双方之间谈判的纠纷解决方式。[②] 此后，ADR 在美国逐年发展，20 世纪 40 年代，由职业调解员介入劳资纠纷双方之间帮助他们解决纠纷的方式适用更加广泛。20 世纪 50 年代之前，已经有一些法院在轻微刑事案件或家庭纠纷案件中鼓励当事人使用调解。20 世纪 70 年代，用以代替诉讼的这些方法首次被称为"替代性"纠纷解决方法，人们对 ADR 的兴趣日益增长。20 世纪 60 年代和 70 年代时，法院也开始涉足 ADR，联邦法院尝试用不同的方法将替代性纠纷解决方式纳入联邦诉讼程序。20 世纪 80 年代以后，ADR 在美国得到了更广泛的应用和发展。1983 年美国最高法院决定：如果当事人对他们之间的争议是否可以仲裁发生争议，法院应当判决由适用仲裁方式解决该项争议。[③]

二、ADR 产生的背景条件

以谈判、调解、仲裁等非诉讼的方式解决争议是各个国家一直都在使用的方式，并非新生事物，但是将各种各样非诉讼的纠纷解决方式与诉讼结合适用却是 20 世纪后期的新生事物，这些与诉讼结合的方式以及传统的诉讼外纠纷解决方式统称为 ADR。因此以 ADR 冠名的替代性纠纷解决方式又分为传统型和现代型。现代型 ADR 的产生、发展主要得益于以下原因：

（一）诉讼案件的激增

20 世纪以来，随着社会经济的快速发展，诉讼案件在各个国家的法院都呈现不同程度的增长势头，甚至出现诉讼"爆炸"的局面，但司法资源不可能同比增长，而

---

① 参见宋冰编：《程序、正义与现代化——外国法学家在华演讲录》，中国政法大学出版社 1998 年版，第 421－422 页。

② 参见范愉：《非诉讼程序（ADR）教程》，中国人民大学出版社 2002 年版，第 17 页。

③ 参见宋冰编：《程序、正义与现代化——外国法学家在华演讲录》，中国政法大学出版社 1998 年版，第 421－422、427－428 页。

且根据程序正义的要求诉讼又具有依程序逐步进行的特征,因而法院必然面临大量的诉讼案件堆积等候审理裁判的局面。法院为了缓解案件积压开始寻求应对方案,如简化诉讼程序,鼓励当事人利用其他方式解决纠纷,转变当事人的对抗性传统观念,引入合作型观念解决纠纷,促进诉讼和解,展开案件管理运动等。现代ADR在美国最先发展、兴盛起来,美国的法院产生了附设法院的替代性纠纷解决机构,例如,法院附设的无拘束力的仲裁、早期中立评估、小型审判、租赁法官等方式,以利于促进当事人和解。法院之外的纠纷解决机构也不断建立,例如,20世纪20年代成立了美国仲裁协会(American Arbitration Association,AAA),30年代成立了商事改善机构(Better Business Bureau,BBB),60年代成立了近邻司法中心(Neighborhood Justice Center,NJC)和全国纠纷解决中心(National Center for Dispute Settlement,NCDS),70年代成立了以大企业为成员的公共资源中心(Center for Public Resources,CPR)和司法仲裁调解机构(Judicial Arbitration and Mediation Service,JAMS),这些法院外的ADR机构和附设在法院的ADR机构为解决民事纠纷和促成诉讼当事人和解、加快纠纷处理进程、降低当事人的诉讼支出、减轻法院案件积压发挥了很大的作用,成为现在纠纷解决的主流方式。

(二)降低纠纷解决成本的需求

社会经济的发展一方面使社会生活中的民商事纠纷增多,使新类型的诉讼不断出现;另一方面又使人们生活、工作节奏加快,为了追求效益,人们办事讲究效率、计算成本。诉讼的进程缓慢,诉讼费用支出不菲,使人们普遍意识到即使最终胜诉者,在经济成本方面也未必合算,“赢了官司输了钱”的结局往往不可避免。在美国,律师收费采取计时制或者胜诉酬金制,故纠纷当事人,主要是一般民事纠纷的当事人更愿意选择成本低、耗时少的纠纷解决方式,不再坚持通过诉讼程序换取一个付出较长的时间、付出各种诉讼费用和不菲的律师费后得到的法院上的裁判。

(三)克服诉讼程序漫长的要求

诉讼要经历法定程序,在美国法院实施案件管理运动之前,诉讼程序很大程度上受当事人控制,法院法官处于消极地位,诉讼案件往往要经历长时间的证据开示阶段,诉讼进程缓慢,时间拖延较长,诉讼的时间成本大,纠纷往往无法及时解决,旷日持久的诉讼后方获得裁判,诉讼效率比较低。为了改变这种局面,在美国的民事诉讼改革中,实行了案件管理运动,法官在诉讼的进程方面享有一定的职权,以便克服诉讼拖延的弊病,提高诉讼效率,降低诉讼时间的耗费。

(四)避免诉讼结局不确定性的风险

诉讼结局的不确定性也是ADR得以发展的原因之一。就诉讼案件而言,当事人争议的事实最终如何被认定，当事人主张的权利是否能实现是一件不确定的事情。抽象的公平正义、法律某种程度上的机械性、严格规则主义下[①]的证据适用、法律真实的遵循等因素会致使法院作出的裁判与当事人预期目的相左，甚至与事实相左。选择ADR的方式解决纠纷，许多情况下，当事人可以把握争议解决的结果，避免诉讼结局的不确定局面，避免不利的诉讼结局。

三、调解与ADR

调解是诸多代替性纠纷解决方式之一，调解又是可以与多种纠纷解决方式关联的方式。就中国的情况而言，调解有诉讼外的调解和诉讼调解（即法院调解）之分，诉讼外的调解又因调解组织的不同而分为几种不同的类型。在中国，调解适用范围很广，在诉讼外，纠纷可以得到人民调解委员会等组织或者个人的调解，调解独立实施；在仲裁中，仲裁机构可以进行调解，调解与仲裁相结合；在诉讼中，审理案件的法官也可以调解，调解与诉讼相结合。

就国外的情况而言，调解的属性是非诉讼解决纠纷的方式。日本的法院虽然也设有调解机构（即调停机构），当事人可以根据《民事调停法》请求调解，但是，这种调解的性质仍然属于非诉讼性质，与中国诉讼性质的调解不同，调解失败的，纠纷方进入诉讼程序。美国法院附设的调解机构也属于非诉讼性质的机构，诉讼案件当事人有可能和解的，当事人可以申请或者法院将纠纷交付这样的调解组织调解。调解不成功的，案件的诉讼程序继续进行；调解成功的，当事人达成诉讼和解协议，以诉讼和解的方式终结诉讼程序。近几十年的发展表明，调解可以与多种纠纷解决方式相关联，当事人在诉讼外自行和解的，和解的过程并不排除有调解人提供帮助。仲裁逐渐也接受、吸收了调解的方式处理纠纷。

四、诉讼外的调解

在美国，以调解的方式解决纠纷由来已久，"由受人尊敬的社区成员主持调解是世界上小规模社区解决纠纷的一种主要方式，在美国这个早在新英格兰殖民地时期就已存在的内聚性极强的移民组织或宗教团体的国度，调解更是司空见惯（Auerbach，1983；Merry and Milner，1993；Nader and Todd，1978）"。"20世纪初，更为广泛的是在40年代，在有关劳资谈判纠纷的场合中出现了职业调解员（Aaron et al.，1977）。除此以外，在50年代之前，已经有一些法院在轻微刑事或家

---

① 参见［美］约翰·W. 斯特龙主编，［美］肯尼斯·S. 布莱等编：《麦考密克论证据》，汤维建等译，中国政法大学出版社2004年版，第12页。

庭纠纷中鼓励适用调解称之为调和(Galanter, 1986)。”20 世纪 30 年代,继劳动纠纷领域开始适用调解后,开始在家事法领域推行调解,1939 年,加利福尼亚州设立了调解法院(Conciliation Court),以调解作为替代审判程序的手段。20 世纪 60 年代,在美国联邦政府的资助下,设立了全国性的近邻司法中心,此后又纷纷出现了社区调解中心。20 世纪 70 年代,社区调解中心逐渐被新出现的纠纷解决中心取代。20 世纪 90 年代成立了司法仲裁调解机构。[①]

20 世纪 70 年代,替代性纠纷解决运动的兴起,调解、仲裁以及其他非诉讼解决纠纷方法的使用得以重视,而且法院也开始涉足 ADR,以减少当事人的诉讼成本,减缓诉讼迟延。调解被视为为多种利益服务的手段,这种“软处理方式”被 ADR 的拥护者积极推崇。但是,20 世纪 70 年代后期,研究者发现虽然调解的成本很低,公正性比较令人满意,但是,利用这种方式解决纠纷的人却不多。

20 世纪 80 年代,当事人在使用 ADR 解决纠纷方面开始了努力,在商界,各种 ADR 方式被采用,其中包括调解。为了确保 ADR 结果的公平性,立法者增加了一些法定条款。[②] 1998 年,ADR 通过立法被制度化,调解得到更多的发展。

对各种替代诉讼解决纠纷的推崇,导致法院诉讼程序上的一些变化,在一些奉行“多门”政策、鼓励使用替代性纠纷解决方式的法院,纠纷会被推向各种不同的解决程序渠道,如租赁法官(又称“聘请法官”或“私人审判”)、小型审判等。有些法院,法官被授权将案件交付其他纠纷解决程序处理。有些州,调解成为儿童监护权、探视权纠纷案件的法庭庭前程序。夏威夷州最高法院甚至在法院受理的案件之外,为一些尚未进入诉讼程序的有关公共政策的纠纷提供调解人。[③]

五、附设在诉讼过程中的调解

法院和公共机构的支持使替代性纠纷解决程序蓬勃发展,同时法官也大力推动纠纷当事人应用这些程序。尽管法院扮演的这一新角色招致了大量的批评,但是,主流的观点支持赋予法院和进行行政裁决的公共机构以替代解决纠纷的功能。[④] 1998 年美国的《联邦替代性解决纠纷法案》(The Federal Alternative Dispute Resolution Act of 1998)中要求美国联邦地区法院都推行一个纠纷解决项目,由联邦上诉法院提供调解。许多法院鼓励法官帮助当事人和解,鼓励当事人利用替代性

---

① 参见范愉:《非诉讼纠纷解决机制研究》,中国人民大学出版社 2000 年版,第 96 – 100 页。
② 参见范愉:《非诉讼纠纷解决机制研究》,中国人民大学出版社 2000 年版,第 96 – 100 页。
③ 参见范愉:《非诉讼纠纷解决机制研究》,中国人民大学出版社 2000 年版,第 10 页。
④ 参见范愉:《非诉讼纠纷解决机制研究》,中国人民大学出版社 2000 年版,第 383 页。

纠纷解决的方式。诉诸法院的案件可以通过很多方式进入替代性纠纷解决轨道中,这些替代性纠纷解决方式包括调解、仲裁、早期中立评估、小型审判或者简易陪审团审判。利用这些程序的目的是促使当事人达成和解协议,避免诉讼判决。如果当事人无法通过这些程序达成和解,案件将恢复至诉讼程序。

有些州的制定法要求某些类型的案件必须进入指定的替代性纠纷解决程序,如规定所有存在争议的监护案件必须进行调解。[①] 选择哪种替代性纠纷解决程序,由法官自由裁量,或者由法官、治安法官或律师在审前会议决定。有些州的程序规则或法院规则还授权法院强制当事人参加调解,甚至还规定强制参与为提起诉讼的前提条件。调解的目标是和解。美国的研究者认为调解是最能克服障碍、促成和解的程序。在诉讼过程中通过调解,以及仲裁、早期中立评估、小型审判或者简易陪审团审判,当事人之间达成了和解协议,以诉讼和解的方式结束诉讼。

第二节 日本的调解制度

在日本调停(即调解)解决纠纷自古有之,“其江户时代,存在一种私下了结的纠纷解决方式,即由担任管理镇、村或征收地租等代表的士绅或村助理作为处理人,让当事人进行调停,调停如果成立,就由当事人写下私下了结的证明文字呈交奉行,被认为与现代的调停制度有直接连续性的是以大正十一年土地及房屋租赁调停法为首的一系列的单行调停法。”“这些各种各样的调停法由于昭和十七年的战时民事特别法而有所扩张,与诉讼的协作也变得紧密了。”[②]大正末期昭和初期的调停立法在当时作为单行法深入了各个领域。昭和二十六年,即1951年,日本以议会立法的形式制定了作为一般性纠纷处理制度的统一的《日本民事调停法》,确立了解决各种民事纠纷的、当事人通过互让的方式寻求合情合理的纠纷解决方法的司法调停制度。[③] 将家事和劳动争议以外的各种调停制度统一,形成了如今的民事、家事两大调停体系,[④]调停制度被固定为常设的统一的法律制度。

① 参见范愉:《非诉讼纠纷解决机制研究》,中国人民大学出版社2000年版,第390页。

② [日]小岛武司、[日]伊腾真编:《诉讼外纠纷解决法》,丁婕译,中国政法大学出版社2005年版,第3页。

③ 参见[日]小岛武司、[日]伊腾真编:《诉讼外纠纷解决法》,丁婕译,中国政法大学出版社2005年版,第4页。

④ 参见范愉:《非诉讼程序(ADR)教程》,中国人民大学出版社2003年版,第54-55页。

一、民事调停

民事调停是指对于有关民事的纠纷,调停机构进行斡旋、居中调解,以通过当事人互相让步,达成合情合理的以纠纷解决为目的的方案,从而解决纠纷的制度。民事调停的宗旨是以当事人的合意为根本解决纠纷,因此,民事调停的案件必须具备当事人对有关的权利义务可行使处分权的性质。[①] 法院调停依据《日本民事调停法》的规定。具体包括以下内容:

(一)民事调解官和民事调停委员制度

日本的民事调解官制度也称为非专职裁判官(法官)制度,该制度从 2004 年 1 月 1 日起开始实施,是日本在新世纪司法改革的成果之一。民事调解官制度即接受委任的调解官在民事调解案件及家庭调解案件中,可以非专职法官的方式,从与专职裁判官同等的立场来主持调解程序。非专职裁判官由最高裁判所从拥有 5 年以上业务经验的律师当中遴选任命,是任期两年的非常任职务,可以领取适当的报酬,但不属于公务员编制。民事调停的机构通常是调停委员会,特别情况下也有法官进行调停的例外规定。

调停委员会由调停主任法官和 2 名以上的民事调停委员组成。民事调停委员是国家法律规定的法院中的非专职法院工作人员,属于特别职务的国家公务员。民事调停员由日本最高法院在 40 ~ 70 岁之间的律师、大学教授、原法官、房地产鉴定师、建筑师、医生、税务代理人、注册会计师等专家,或其他在社会上有知识,又有丰富经验的人士中任命。[②] 这些人员由于在其所从事的行业中有较丰富的职场经验,且有较强的表达能力、亲和力和协调能力,在经过调解员培训课程后,他们在主持调解相关领域的纠纷时,比起专职法官更有专业优势。

民事调解官和民事调停委员公众形象及道德口碑较好,有着丰富的社会阅历和专业知识。民事调解官虽然是兼职的,不适用公务员法,但有一定的执业规范和职业操守,如不得利用民事调解官的身份从事政治选举运动;在职接受任命的仍然可以从事原来的职业,但必须确保每周至少工作一天,办理民事调解案件的在地方裁判所或简易裁判所,办理家庭调解案件的在家庭裁判所,其余时间可以从事自己原先的工作,但必须保证不会与民事调解官职业发生利益冲突,利用职务谋取个人利益会被认为是渎职行为。

---

① 参见范愉:《非诉讼程序(ADR)教程》,中国人民大学出版社 2002 年版,第 58 页。

② 参见范愉:《非诉讼程序(ADR)教程》,中国人民大学出版社 2002 年版,第 61 - 62 页。

(二)民事调停的程序

1. 程序的启动

当事人申请或法院依职权交付。民事调停原则上由当事人向简易法院申请时开始,例外情况下也可以由当事人双方合意向法院提出申请。另外,受诉法院认为适宜时,法院可以依职权将案件交付调停委员会调停。对于民事调停的案件,事实调查实行职权探知主义。①

2. 调停方案

调停委员可以写成调停方案供当事人协商,而且可以说服当事人接受其方案。

3. 调停程序的结束与调停成立的效力

经过调停,当事人双方达成合意,调停成立,其合意记载在调停书上。调停成立,诉讼案件视为撤销。调停书与诉讼和解协议具有同等法律效力,即与确定判决具有同等法律效力,具有强制执行效力。② 调停不成立的,案件进入诉讼程序。

另外,根据《日本民事调停法》第 17 条的规定,允许法院在适宜时作出代替调停的决定。所谓代替调停的决定,是指在双方当事人对纠纷解决协商的意见取得大致一致的共识,仅有少许差异的情况下;或者在事实调查充分,案件是非明了的情况下,双方当事人应当达成协议,但因一方当事人固执己见无法达成协议的情况下,法院对案件作出决定以替代当事人达成调停协议。

当事人在法院决定告知两周内有权提出异议,提出异议者,法院决定不发生法律效力,案件进入诉讼程序。当事人无异议,决定确定时,决定发生与诉讼和解同等的效力,即与确定判决同等的效力。③

二、家事调停

日本在第二次世界大战以后,于 1948 年颁布实施了《日本家事审判法》,该法第三章专章规定了调停制度。该法第 17 ~ 19 条规定:家事法院对于有关人事诉讼案件或一般家庭案件进行调停。对这些应当先进行调停的案件,如果有人提起诉讼,必须事先向家庭法院申请调停。如果未申请调停而提起诉讼时,法院可以依职权随时将案件交付家庭法院进行调停。但是,法院认为交付调停不合适时,不在此限。④ 该法规定了家事调停案件的适用范围,受诉法院的调停职权,利害关系人的

---

① 参见范愉:《非诉讼程序(ADR)教程》,中国人民大学出版社 2002 年版,第 63 页。

② 参见范愉:《非诉讼程序(ADR)教程》,中国人民大学出版社 2002 年版,第 64 页。

③ 参见范愉:《非诉讼程序(ADR)教程》,中国人民大学出版社 2002 年版,第 64 页。

④ 白绿铉编译:《日本新民事诉讼法》,中国法制出版社 2000 年版,第 159 页。

参加，调停协议的达成及其效力，调停委员会的组成，调停委员的职责、津贴、旅费、住宿费，相当于协议的审判，替代调停的审判及其当事人的异议权，以及调停不成的处理。

三、诉讼外的调停

诉讼外的调停包括斡旋、咨询。据统计，截至1997年，在日本各种诉外民事纠纷处理的机构有35个，其中行政性的机构有19个，民间性的机构有16个。[①] 包括劳动委员会的调停、公害等调解委员会的调停、建设工程纠纷审查会的调停、仲裁机构的调停、交通事故纠纷处理中心的调停或斡旋。这些机构以ADR的方式处理诉讼外的民事纠纷，这些机构有的是仲裁机构或斡旋、仲裁机构，有的是咨询或咨询斡旋机构，有的是调解或调停机构。

（一）公害等调整委员会

日本公众在工业化进程中深受环境污染之苦，引发了反对公害的社会运动，在痛定思痛之后，日本在防止公害的立法和公益性诉讼方面有了长足的进步。由于司法程序复杂，审判所需时间长、费用高，特别是环境公害诉讼调查取证之难及诉讼双方诉讼资源的不平等性，加重了诉讼的拖延，使民众对于正义迟迟无法实现而颇有微词，因而更多地通过游行示威等更加激烈的方式表达诉求，日本经济界对此感到头痛，双方均希望有一种更快捷的方式来解决双方的纠纷。

日本公害等调整委员会应时而生，它是根据《日本公害等调整委员会设置法》的规定建立的，是回应民众“国家应该积极参与以实现纠纷迅速解决为目的的制度建设”诉求的实际行动。这个委员会是一个行政委员会，其职能是对因环境公害性事件产生的纠纷进行独立调查、处理的准裁判机构，并拥有准立法权。日本公害等调整委员会处理纠纷的手段包括斡旋、调解、仲裁及裁定。委员会可以进行独立的调查，也可以和相关的行政机关合作进行调查，委员会使用的是国家经费，它在解决公害制造企业与受害民众的纠纷的同时，也会调动舆论促进纠纷的解决，并根据在案件处理过程中所获得的信息向政府有关部门提出建议和对策。

（二）建筑工程纠纷审查委员会

日本的许多行业都依法成立了行业性质的纠纷解决机构，解决相关行业内的纠纷。比如，建筑工程纠纷审查委员会就是根据《日本建设业法》相关条款的规定而成立的。与专业法官相比，行业调解机构的调解人员更加了解纠纷所涉及的技

---

① 参见范愉：《非诉讼程序（ADR）教程》，中国人民大学出版社2002年版，第230－232页。

术性事项及行业习惯,特别是建筑行业,为了不影响建设工程的进行,纠纷各方更希望争端能得到快捷和专业的解决。日本的建筑工程纠纷审查委员会由15名以内的委员组成,委员有法律专家,也有建筑设计、工程施工和质量监理等方面的专家,通过斡旋、调解和仲裁的方式,解决了大量由建筑工程承包合同而引发的或派生的纠纷。

(三)财团法人ADR

比较典型的如交通事故纠纷处理中心,该中心通过说和、斡旋和裁定的方式,解决了大部分的道路交通事故纠纷。1996年,该中心处理的案件数为771 084件,而同期全国地方法院和简易法院受理的交通事故案件仅为7604件,进入诉讼的道路交通事故纠纷不到1%。

四、诉讼和解

《日本民事诉讼法》规定的诉讼和解制度,与其调停不同,诉讼和解"是双方当事人把他们对请求的主张相互让步的结果在诉讼上进行相一致陈述的行为"。① 《日本民事诉讼法》第89条、第265条、第267条规定:法院不管诉讼进行到何种程度,都可以尝试和解,或者使受命法官或受托法官尝试和解。法院或者受命法官或受托法官,在当事人共同提出申请时,为了解决案件可以制定适当的和解条款,将和解条款告知当事人后,当事人不撤回申请,视为当事人之间达成和解,和解记入笔录时,和解与确定判决具有同等效力。② 20世纪80年代后期,日本法院在实践中创设了"辩论兼和解"程序,即在正式开庭审判之前,在非公开的情况下,法官和当事人围绕椭圆形桌子,以书证为基础,通过口头陈述,使双方当事人交换意见、确定争点,以寻求和解的机会。③ 1996年,《日本民事诉讼法》将"辩论兼和解"规定在准备程序中。

第三节 德国的调解制度

一、调解与诉前调解

根据德国学者的分析,调解在德国经历了一个坎坷迂回的道路,才被确认为合

① 参见[日]兼子一、[日]竹下守夫:《民事诉讼法》,白绿铉译,法律出版社1995年版,第140页。
② 白绿铉编译:《日本新民事诉讼法》,中国法制出版社2000年版,第56-98页。
③ 参见[日]兼子一、[日]竹下守夫:《民事诉讼法》,白绿铉译,法律出版社1995年版,第86页。

法的、有价值的除了诉讼以外的解决纠纷方式。调解的提倡者花了很多年时间才引起了实务界及社会的关注。尽管很早就有对此话题的讨论，但是直到20世纪90年代后期，调解运动才受到了不仅仅是学界的关注。现在的司法改革讨论更集中在通过法院附属调解来减少法院待决案件。①

不过，根据德国学者的评论，许多由政府发起的调解程序仍处于幼年时期。这些程序中最有名的要数蒂尔曼·梅茨格(Tillman Metzger)在1996年建立的德国第一个社会调解中心，中心以美国社会司法中心的概念为基础，资金部分来自社会基金，部分来自私人捐献，以提供培训课程、义务调解员及其他成员的义务工作来营利。中心的调解实践是由教育努力来支持的，这种教育的目的是在社会上发展一种有争论的建设性的文化氛围。其他政府资助的调解项目包括在汉诺威的Wage［负责受害人与加害人之间的调解(victim offender mediation)］，在波恩的Fodervverein Umweltmediatione(该组织负责环境纠纷的调解)，以及各种各样的学校调解项目。②

在德国，社会发起的司法中心不仅提供法律建议，也提供调解服务。一般来说，这些服务对那些经济困难者只收取很低的费用或者完全免费。尽管他们大部分的工作都是提供法律建议，但是，这些中心通常被认为是调解组织，这意味着一旦当事人进入调解程序后，就会产生许多法律后果。首先，法定时效停止；其次，当事人间的协议可以申请法院强制执行。"中介人"机构在德国各州有着长远的历史，它与澳大利亚的组织有所不同，一般来说，由地方政府任命"中介人"办公室的人员，被任命者是很受公众尊敬的人员，这些人员自愿工作。虽然很多"中介人"工作人员提供的程序与调解有相似之处，但他们的规则主要表现为询问性的方法，有时也为纠纷当事人提供法律建议。③

2000年1月1日，《德国民事诉讼法实行法》第15a条生效，确立了德国一些类型的民事诉讼案件诉前强制调解的制度。《德国民事诉讼法实行法》第15a条授权各州法院可以规定下列案件，当事人提起诉讼之前必须先向州司法管理机构设置或者其认可的调解机构申请调解，这些案件包括：当事人之间财产争议低于1500马克的案件、不涉及经营活动的领地争议案件和没有经过媒体、广播报道的个人名誉

---

① See Nadja Alexander, *Mediation in Practice: Common Law and Civil Law Perspectives Compared*, HeinOnLine—Intf L Trade & Bus. L. Ann. , Vol. 17, No. 6, 2001.

② See Nadja Alexander, *Mediation in Practice: Common Law and Civil Law Perspectives Compared*, HeinOnLine—Intf L Trade & Bus. L. Ann. , Vol. 17, No. 6, 2001.

③ See Nadja Alexander, *Mediation in Practice: Common Law and Civil Law Perspectives Compared*, HeinOnLine—Intf L Trade & Bus. L. Ann. , Vol. 17, No. 6, 2001.

损害案件。调解遵循自愿原则、保密原则和调解员独立及中立原则。调解员由律师、公证人、退休法官及其他非法律专业人士担任。调解向当事人收费,调解不成功的费用低于调解成功的费用,调解费用由当事人预付,调解程序结束后结算。调解费用比较经济,不按照争议额比例收费,而是一次性收取。经调解达成和解协议的,和解协议具有法律约束力,当事人可以按照《德国民事诉讼法》第 794 条的规定申请法院强制执行。[①]

二、诉讼和解

为了鼓励当事人多采用协议的方式解决争议,弱化当事人之间的对抗,现代德国的民事诉讼也比较重视当事人和解,而且比较重视庭审前和解,现行《德国民事诉讼法》第 279 条规定,不问诉讼到何种程度,法院应当注意使诉讼或各个争点得到良好的解决。法院为了试行和解,可以把当事人移交给受命法官或受托法官。为了试行和解,可以命当事人到场。如命当事人本人到场,准用第 141 条第 2 款的规定。《德国民事诉讼法》第 141 条第 2 款规定,法院命令当事人到场时,依职权传唤。即使当事人有诉讼代理人,仍然应当通知当事人到场,而且该传唤可以不必实行法定送达方式,以任何方式均可。

第四节 英国的调解制度

在英国,调解解决纠纷的历史也很悠久,调解是许多小规模的村落和游牧民族传统的纠纷解决方式:当事人双方在长者的主持下坐下来谈判相关事项。这些调解员倾向于通过利用包括从说服、嘲讽、魔法到贝壳放逐法等各种手段来维持社群的价值观。[②] 但是,司法制度发达以后,人们更相信以审判的方式解决纠纷的公平性,调解渐渐地不被人们重视。

近几年,ADR 的影响以及 ADR 运动的兴起,调解又成为被公认的,既灵活又便宜的替代诉讼的纠纷解决方式,用以解决个人之间的纠纷,商事、工业领域内的纠纷。与诉讼相比较,多数人认为调解是能够更好地保护当事人的利益的纠纷解决方式。支持者认为:"一般来说,与人交往,言语胜于文字,第三者参与之调解胜于

---

① 参见章武生、张大海:《论德国的起诉前强制调解制度》,载《法商研究》2004 年第 6 期。

② [英]迈克尔·努尼:《法律调解之道》,杨利华、于丽英译,法律出版社 2006 年版,第 5 页。

人们自身。”①

一、诉讼外调解

咨询调解仲裁机构的调解。英国的 ADR 在解决劳动争议领域的历史由来已久,咨询调解仲裁机构(Advisory Conciliation and Arbitration Service,ACAS)是当前设立的专门机构,解决个人和团体的劳动争议。②

(一)全国律师 ADR 网络的调解

全国律师 ADR 网络(National Network of Solicitors in Alternative Dispute Resolution,ADR Net, Ltd.)是处理商事纠纷的民间机构,创建于 1989 年,受理保险公司、会计师以及产业界委托处理的纠纷。由招聘选拔出的律师担任专业调解人。当事人自愿选择该机构进行调解,调解不妨害当事人行使诉权向法院提起诉讼。③

(二)纠纷解决中心的调解

纠纷解决中心(Center for Dispute Resolution,CDR)是于 1990 年 11 月建立的由跨国公司和著名专业团体(如律师事务所)支持的独立的、非营利性的民间机构,是英国一个知名的商事争议调解机构,主要受理建筑、保险和信息技术等商业、公用事业领域的纠纷,为当事人提供和解和调解服务,主要程序是调解,采取非对抗形式,追求以当事人自治的方式解决纠纷。④ 1999 年,英国通过了鼓励以替代解决争议 ADR 的民事诉讼规则后,该机构获得了长足的发展。由于调解的优越性,很多案件,如建筑类的案件,采取快速处理机制,及时了结了当事人之间的争议。其调解的成功率相当高,如截至 2003 年 7 月底,在涉及政府部门纠纷的调解中,其成功率达 89% 。这样一来,有力地保证了商业活动的正常有序进行,产生了巨大的经济效益和社会效益。该机构本身运转良好,平均每个月受理 50 件争议案件,人员 35 人,其中大约有 25 人管理案件,还开通了在线咨询服务(On - line Enquiry)。2001 年 12 月,该机构搬到了伦敦新的中央商务区办公。近年来,中心年预算为 400 万英镑,政府象征性地每年给予 2000 英镑的支持。该中心业务范围并不受限制,培训和教育也是其主要工作。该中心还十分注重加强与学术机构的联系,探讨理论问题。该中心负责人表示,只要当事人选择其进行仲裁,该中心下一步可以考虑开展办理

---

① 《弗朗西斯·培根文集》,转引自[英]迈克尔·努尼:《法律调解之道》,杨利华、于丽英译,法律出版社 2006 年版,第 3 页。

② 参见范愉:《非诉讼纠纷解决机制研究》,中国人民大学出版社 2000 年版,第 250 页。

③ 参见范愉:《非诉讼纠纷解决机制研究》,中国人民大学出版社 2000 年版,第 250 - 251 页。

④ 参见范愉:《非诉讼纠纷解决机制研究》,中国人民大学出版社 2000 年版,第 251 页。

仲裁案件的业务。[①]

(三)英国城市纠纷小组的调解

城市纠纷小组(City Dispute Panel,CDP)是为金融服务业、商业企业以及与他们有商业往来者提供服务,解决纠纷的组织,解决他们在英国或国际商事领域内产生的纠纷。[②]

(四)英国家庭调解委员会的调解

英国家庭调解委员会(National Family Mediation,NFM)是专门解决分居或离婚夫妇的子女抚养、财产分割,以及家庭遗产遗嘱、赡养抚养纠纷的非营利机构,该机构在英格兰和威尔士的60个地区设立服务机构。该机构以中立的第三者调解人帮助当事人讨论问题,磋商纠纷解决方案,通过调解的方式帮助当事人,引导当事人找出问题所在,以一种开放的、公平的方式帮助当事人讨论解决问题的方案。它的调解程序是自愿的,当事人可以随时决定停止调解程序。该机构费用低廉,符合法律援助条件的当事人可以申请免费。纠纷的解决通常情况下平均需要3~5次的调解即可结束。[③]

(五)伦敦仲裁院的调解

之前,在英国仲裁院的调解不被支持,甚至在早些时候仲裁也不被支持。但是,受其民事司法改革的影响,随着ADR日益得以重视,100年以来只受理仲裁案件,不受理调解案件的英国伦敦仲裁院,在1999年10月1日公布了一部《伦敦国际仲裁院调解规则》。根据该规则,当事人可以向其申请仲裁,或者先申请调解。若调解失败,再进行仲裁。[④]

二、诉讼过程中的调解

调解解决纠纷在英国不受重视。20世纪末期,英国的民事司法制度中存在的程序缓慢、拖延,诉讼效率低,诉讼耗费大,当事人的案件不能及时获得裁判的弊病日趋严重,使其不得不步入民事司法改革的行列,进行了一系列的改革。英国司法大臣任命沃尔夫勋爵负责改革事务,以实现提高诉讼程序效率,降低诉讼费用,简

---

① 康明:《英国商事调解近况》,载中国国际贸易促进委员会,http://lad. ccpit. org/wadr,2005年10月8日访问。

② See http://www. europarl. europe. eu/conparl/jury/consiliations/cdp— en. pdf.

③ See www. nfm. u— net. com.

④ 唐厚志:《国际商事调解的一些情况》,在2001年中国国际贸易促进委员会、中国国际商会调解中心调解员培训会上的讲话。

化诉讼程序,使诉讼术语通俗化等目标。沃尔夫勋爵于1995年发表了《接近正义:关于民事司法改革的中期报告》,1996年发表了《接近正义:关于民事司法改革的最终报告》。以沃尔夫勋爵的报告为基础,英国对其民事诉讼法进行了修改,于1998年颁布了新《英国民事诉讼规则》,之后又实施了一系列的改革措施。英国新民事诉讼法的重要变化之一就是鼓励人们采用ADR方式解决纠纷,促进当事人和解。[①]

(一)新《英国民事诉讼规则》

新《英国民事诉讼规则》第1.4条规定:法院须积极管理案件,积极的案件管理包括:鼓励当事人在诉讼程序的进行中互相合作……如法院认为适当,可鼓励当事人采取可选择争议解决程序(ADR),并促进有关程序的适用;协助当事人对案件进行全部或部分和解。第26.4条中规定,在法院案件鼓励的初期阶段:当事人在完成案件分配问题表并提交法院时,可通过书面形式请求法院终止诉讼程序的进行,由当事人尝试通过可选择争议解决方式或其他方式解决纠纷。第36章“和解要约”中规定:当事人可以在诉前提出“和解要约”,双方当事人(过去规定仅允许被告提出和解要约,原告无权提出)在诉讼中的任何阶段向对方提出“和解要约”,对方当事人不接受和解要约的,判决的结果对原告比和解要约更为有利的,法院将判决被告承担原告自和解要约被拒绝后所支出的诉讼费用;反之,和解要约是被告提出的,原告拒绝的,判决的结果对被告比和解要约更为有利的,法院将判决原告承担有关的诉讼费,并责令被告承担全部或部分款项的利息。[②] 该规则以此方式促进当事人尽量和解。

(二)诉前议定书制度促进和解

新《英国民事诉讼规则》引进了诉前议定书制度,是当事人之间早期的诉讼交流信息,当事人双方为诉讼做好充分准备,以便诉讼快速进行,从而克服准备程序阶段传统的、对抗式的、秘密的方式弊端,促进当事人尽量选择适当、耗费低廉、节约时间的ADR方式解决纠纷,将诉讼作为最后的救济手段。[③]

(三)和解与调解

英国的法官不充当调解人,诉讼过程中案件可以调解的,当事人申请或法官决定中止诉讼程序令当事人调解的,案件交由社会上的营利的或非营利的调解机构

---

① 参见齐树洁主编:《民事司法改革研究》,厦门大学出版社2004年版,第418-419、431页。

② 参见《英国民事诉讼规则》第36.20条、第36.21条,《英国民事诉讼规则》,徐昕译,中国法制出版社2001年版,第19页。

③ 参见毛玲:《英国民事诉讼的演进与发展》,中国政法大学出版社2005年版,第380-381页;《英国民事诉讼规则》,徐昕译,中国法制出版社2001年版,第19页。

进行调解。英国的新民事诉讼法呈现出了鼓励当事人采用ADR方式解决纠纷,鼓励当事人在诉讼中和解解决纠纷。而且,还规定法官有权裁定终止诉讼,令当事人去调解。在调解过程中,若有一方当事人拒绝调解,无理由退出调解的,法官可以裁判其负担某些诉讼费用作为惩罚。若双方当事人争议解决条款中约定先调解,调解不成再诉讼的,法官有权中断诉讼程序,令他们先去寻求调解机构的调解。①

第五节　法国和新加坡的调解制度

一、法国的调解制度

当今的法国,ADR因其具有减轻法院负担,可快速、简捷和经济地解决争议的功能被学者和法学家所提倡。但是根据Emmanuel Gaillard与Jenny Edelstein两位作者的观点,ADR方式在法国的运用在过去的两个世纪里已经存在了,现在是一种复苏的趋势,甚至可以说,这种在诉诸法院之前的可选择的或者是强制的调解制度在法国的司法系统中以不同的时间间隔和不同的表现形式出现。调解最初的运用是在法国大革命时期,法国的革命者将调解作为解决纠纷的理想方式,1789年的一项法令规定,当事人在将纠纷诉诸普通民事法庭前必须先经过调解,1855年的法律规定治安法官在案件审理前必须先试行调解。民事案件的法官在案件审理中寻求调解的解决方式随后被规定于1906年《法国民事诉讼法典》中。然而,在20世纪初期,强制性的调解经历了下滑阶段,在四五十年代作为一项法律的要求一度被抛弃。现在,调解实际上还是被法国的司法官在一定程度上适用,以致《法国新民事诉讼法典》第21条仍将可选择的调解作为民事案件法官的一项任务予以明确规定。

此外,一项司法外调解运动在20世纪70年代出现在法国,一部分人被授权来指导、调解在双方当事人之间的纠纷。第三方的任务是非监管性的,被称为公正的调解员,他们为纠纷的解决提供便利,促使纠纷在司法程序之外解决。这种法庭职权外的调解在某些方面是很成功的,而且逐渐被制度化,这些内容包括:劳资纠纷(劳动法第L523-1条)、租赁纠纷(1989年7月6日法律89-462)、个人破产(1989年12月31日法律89-1010,1995年2月8日95-125修正案)以及公司破

---

① 参见康明:《英国商事调解近况》,载中国国际贸易促进委员会,http://lad.ccpit.org/wadr,2005年10月8日访问。

产(1984 年 3 月 1 日法律 84－148,1984 年 6 月 10 日修正案)。[①]

作为这种由“公正调解员”主持的法庭外调解的相应反应,最新的立法选择再次运用司法调解,但是通过允许法官将其调解职权委派给他人或者授权在法官的监督下进行以缓和其司法权属性。因此,1995 年 2 月 8 日的法律 95－125 以及相关法令授权法官可以指定第三人参加双方的预备调解,同时受法官的监督。1995 年的法律首次在立法中涉及调解。1995 年的法律以及相关的 1996 年 7 月 22 日的法令所指的司法调解是完全的可选择性调解,需经过双方当事人的同意任命第三方调解员帮助他们解决纠纷(如提出一个解决争议的方案)。自从 1995 年的法律以及相关的 1996 年 7 月 22 日的法令实施以来,巴黎上诉法院以及格勒诺布尔法院已经决定通过系统指定调解员,直至纠纷进入特定的法庭之前,法院要求调解员介入的时间是庭审时间确定之日。

二、新加坡的调解制度

现在的新加坡,不仅有专门的调解机构为当事人调解商业纠纷,而且在司法领域提倡调解。新加坡司法制度强调调解解决诉讼当事人的纠纷,以避免不必要的法庭诉讼,评论者认为这与亚洲人“和为贵”的精神一致。现在新加坡法院审理的民事案件,要求诉讼当事人必须在庭审前参加审前会议,设法达成和解协议。1994 年,民事纠纷调解通过法庭调解中心首先被纳入初级法庭, 从那时开始,小额索偿法庭、家事法庭、少年法庭等就惯常地引导实施调解。《法庭规则》(MCap 322, Rule 5, 1999 Rev Ed)提供了充足的机会给 ADR 介入,甚至允许在诉讼程序启动后介入。例如调解,当事人或者其诉讼代理人既可以向法庭申请将事件提交至调解程序处理,也可以直接向新加坡调解中心申请。新加坡的 ADR 实践获得了政府的支持,目的是使新加坡成为一个世界性主要的纠纷解决中心,以及防止新加坡变成一个好讼的社会。1997 年成立了新加坡调解中心(Singapore Mediation Center, SMC)。新加坡还颁布了《社区调解中心法令》,它使社区调解充当先锋,让社区调解在种族多元和宗教多元的新加坡成为一种有效的平息纷争的手段。[②]

---

① See Emmanuel Gaillard, Jenny Edelstein, *Mediation in France*, Dispute Resolution Journal . Nov. 2000—Jan. 2001.

② See http://www. singaporelaw. sg/content/LegalSystChil. html# section9.

第八章　调解的准备

对于案情较复杂、双方当事人意见分歧较大的纠纷，调解前的准备工作十分重要，不仅有利于促使双方真心参与调解、顺利推进调解工作，也有利于调解协议的达成和履行。调解准备充分，往往能达到事半功倍的效果。

第一节　调解员在准备阶段的工作目标

一、初步了解案件基本事实及双方当事人的状况，并取得当事人的信任

调解人员通过与当事人的初步会谈，一方面了解与争议有关的各方面情况，为正式调解进行必要的准备工作；另一方面也让当事人充分了解调解员的调解资历和专业背景，了解调解机构的基本情况、调解的性质、调解工作的特点与程序。在与当事人的初步接触中，调解员通过幽默的谈吐、良好的情绪控制、平和的口吻、关心的态度、专业的知识、丰富的调解经验以及对该纠纷能够通过调解得到解决的信心的展示和传递，使当事人真正地熟悉调解并相信调解确实能够帮助他们解决纠纷，从而取得当事人的信任。

二、确保当事人理解后续程序

调解员应详细地向当事人及其委托代理人讲解调解的规则、程序、优点等，这里涉及的内容应该包括：调解中当事人决定者的地位；调解员中立公正的地位；调解的自愿性、调解的保密性及相关材料的处理；调解如何解决问题；调解中的共同会议及单方会议；调解协议可能的形式及效力；调解协议的履行率等。只有在真正了解调解之后，当事人才能作出自己的判断，决定是否参与调解，以及学会如何选择调解员等。在此阶段，调解员对相关问题的介绍和解答也能从另一方面显示自己的能力，加强相互之间的信任度。如此一来，当事人也能够更好地配合，直至解决争议、达成相关协议。

三、让当事人真正认识到调解员的地位和作用

调解过程中,当事人对争议解决的整个过程拥有很大的自由度,可以对争议问题作出个人的判断,决定是否接受调解员的建议。如何营造良好的氛围,并致力于让双方当事人保持良好的关系,让双方都能感受到调解员在争议解决中的重要性,对调解工作的顺利开展具有重要意义。因此,在此阶段,调解员不要急于解决争议,可以适时脱离开争议,寻找一些轻松的话题,从而与当事人建立和谐的关系。例如,先从天气、家庭、子女等问题谈起,从而引至争议,这样也可使当事人从情感上比较容易接受调解员及适应之后的严肃话题。

四、使当事人愿意参与调解

在正式开始调解之前,调解员一定要给予当事人充分的自由和充足的考虑时间,并耐心回应有关问题,消除当事人可能存在的疑虑。一旦当事人决定参与调解,还要确保其是善意参与调解,而不是出于其他考虑。此种善意在调解中尤为重要。如果出于拖延时间,或打探消息,或测试对方底线,之后用于起诉或其他恶意目的,将会使调解工作毫无意义,而且也会使另一方当事人对调解产生怀疑,最终将不利于调解工作的开展。如果双方当事人对调解还不是完全理解和认同时,调解员可以等待调解进行一段时间,让当事人充分体会调解的作用之后,再推进纠纷的实质性问题的解决。在此阶段,调解员可以初步与当事人谈谈可能涉及的利益和可能的解决方案,可以提出以下问题:在未来的争议解决中,必须满足哪些利益?有什么有利条件可以满足自身利益?对方有什么有利条件?双方的利益是否存在冲突?有哪些冲突是相对立,不能相容的?等等。通过这些问题,可以启发当事人考虑自己是否与对方存在共同利益,进而真心参与调解。

第二节　调解准备阶段的工作内容

不同类型的调解工作,比如人民调解、法院调解、行政调解等,调整准备阶段的工作内容也存在差异,以下分别介绍。

一、人民调解准备阶段的工作内容[①]

(一)确定调解员

《人民调解法》第19条规定:“人民调解委员会根据调解纠纷的需要,可以指定一名或者数名人民调解员进行调解,也可以由当事人选择一名或者数名人民调解员进行调解。”该条是关于指定和选择人民调解员的规定。《人民调解工作若干规定》第25条第1款规定:“人民调解委员会调解纠纷,应当指定一名人民调解员为调解主持人,根据需要可以指定若干人民调解员参加调解。”该条是关于指定人民调解员的规定。

根据上述规定,确定调解纠纷的人民调解员的途径有两个:一是人民调解委员会对于已经受理的纠纷,根据调解纠纷的需要,指定一名或数名人民调解员进行调解,有数名人民调解员时,由其中一人担任调解主持人(首席调解员);二是由当事人选择一名或者数名人民调解员进行调解。

1. 指定调解员

在以下三种情况下,由人民调解委员会指定人民调解员:一是纠纷发生后,当事人尚未向人民调解委员会申请调解,人民调解委员会根据《人民调解法》第17条关于“人民调解委员会也可以主动调解”的规定,为了使纠纷在初发阶段得到及时的解决,不致扩大、激化或转化,维护社会和谐稳定,主动介入民间纠纷,指定人民调解员进行调解;二是在没有调解员选择程序或当事人没有选择人民调解员或难以做出选择的情况下,由人民调解委员会指定人民调解员;三是一方当事人拒绝对方当事人选择的人民调解员进行调解,无法就选择人民调解员达成共识,由人民调解委员会指定人民调解员。当事人对人民调解委员会指定的人民调解员没有明确表示拒绝的,人民调解员都可以进行调解。

2. 由当事人选择人民调解员

在发生纠纷后,有的当事人还是希望能够由他们自己选择的人民调解员进行调解。调解组织可以向当事人提供调解员名单,由当事人自行选择调解员。实践中有的人民调解员得到双方当事人的一致认可,被双方共同选择为解决纠纷的调解员;有的当事人考虑到人民调解员与对方当事人存在亲情关系、朋友关系、师长关系等,不利于人民调解员保持公正中立立场的,不认可对方选择的人民调解员,选择了自己信任的人民调解员。为了保证人民调解的公平、公正,允许当事人选择一

① 因专业性行业性调解、商事调解的准备程序与人民调解的准备程序相同,故不再赘述。

名或者数名人民调解员进行调解。也就是说，当事人可以共同选择一名或者数名人民调解员进行调解，也可以各自选择一名或者数名人民调解员进行调解。

这里需要注意的是，多名调解员进行调解的，应确定一名调解主持人。除专职调解员外，临时担任调解工作的民间人士、专家学者或其他人，只要当事人接受，都可以担任调解员。

3. 审查是否存在应当回避的情形，决定是否调换人民调解员

调解员确定后，人民调解委员会应当在一定期限内通知双方当事人，便于当事人行使申请回避权。

《人民调解法》没有规定人民调解员回避的情形，而且申请回避在以自愿为前提的人民调解工作中极为少见。实践中遇到当事人申请人民调解员回避的，应按照《人民调解工作若干规定》第25条关于“当事人对调解主持人提出回避要求的，人民调解委员会应当予以调换”的规定和《全国人民调解工作规范》6.2.1.c）有关“当事人对人民调解员提出回避要求的，人民调解委员会应予以调换”的规定，由人民调解委员会对符合回避情形的人民调解员进行调换。

为了维护人民调解的公正性，有下列情形之一的，人民调解员应自动回避或根据当事人的申请回避：（1）调解人员是当事人的近亲属；（2）调解人员与该纠纷的处理结果有利害关系；（3）调解人员与当事人有其他关系，可能影响该纠纷的公正解决；（4）有其他正当理由的。对于当事人提出回避请求的，人民调解委员会应另行指定调解人员调解，或由当事人提名、双方都同意的调解人员主持。当然，如果调解员存在以上回避情形，当事人仍然愿意选择该调解员，则不受以上情形的限制。

（二）确定调解参与人员

调解员应通过与当事人联系，根据纠纷解决的需要，确定哪些人员将参与到调解过程中来（包括律师、会计师、工会代表、翻译人员、朋友、亲人等）。

《人民调解法》第20条第1款规定：“人民调解员根据调解纠纷的需要，在征得当事人的同意后，可以邀请当事人的亲属、邻里、同事等参与调解，也可以邀请具有专门知识、特定经验的人员或者有关社会组织的人员参与调解。”根据该条规定，尤其是对于比较复杂的纠纷案件，人民调解员可以经当事人同意邀请其他群众参与调解；如果当事人中有外国人或少数民族，应考虑是否需要翻译。翻译应由称职的专业人士担任，防止出现恶意翻译或存有偏见的翻译，应保证翻译公正、中立。人民调解委员会支持当地公道正派、热心调解、群众认可的社会人士参与调解。

（三）调查核实

人民调解组织受理纠纷后，被确定的具体调解人员就要深入开展调查工作，充

分掌握材料，弄清纠纷情况，判明纠纷性质和是非曲直。这是正确、圆满调解纠纷的前提，也是做好调解工作和达成调解协议的基础。

1. 与双方当事人接触，了解与核实纠纷有关情况，明确纠纷性质，了解双方的具体要求和理由，根据需要询问知情人，向有关方面调查核实。

《人民调解工作若干规定》第26条规定："人民调解委员会调解纠纷，应当分别向双方当事人询问纠纷的事实和情节，了解双方的要求及其理由，根据需要向有关方面调查核实，做好调解前的准备工作。"根据该条规定，调查核实的内容主要包括纠纷性质、发生原因、发展过程、争议焦点、当前事态发展的情况、相关证据和证据来源、当事人对纠纷的态度等。人民调解员应全面了解纠纷事实，重点弄清纠纷症结和事实真相的关键情节，不可偏听偏信。在与当事人接触的过程中，调解员要掌握当事人的基本情况、实际困难、性格、气质特征等，了解和引导当事人对纠纷的态度。

调解员调查核实的途径主要包括：

第一，与双方当事人接触，耐心听取双方当事人的陈述，了解与核实纠纷情况和他们的真实意思和要求。和当事人进行初步接触是调解程序的必需步骤，调解员需要借此获得和纠纷有关的信息。如果调解只是由单方当事人申请或接受委托或移交调解，为保证后续调解工作顺利进行，人民调解员应及时与被申请人接触，全面了解纠纷，不可偏听偏信。比如，相邻关系纠纷、婚姻家庭纠纷，往往具有"双向型纠纷"的特点，侵权损害赔偿纠纷（尤其是双方互殴引起的人身伤害赔偿纠纷）中"混合过错"的特点比较普遍，"一边倒"的现象很少。调解员通过与被申请人接触，确认被申请人是否愿意接受调解。若被申请人愿意接受调解，可直接进入下一环节。若被申请人不愿意接受调解，调解员要向其说明情况，包括纠纷申请人提出调解的要求、其权利主张及其合理性、法律与政策的相关规定、被申请人不接受调解而通过其他途径解决纠纷可能遇到的后果等，引导被申请人接受人民调解。

与双方当事人接触之前，可以先通过邮件、电话等方式进行联络，具体接触方式还是要看具体案情以及有关人民调解委员会的习惯做法。调解员可以自行决定较为合适的方式，电话沟通、网上沟通或者传统的面对面交流都可以。

第二，向纠纷关系人、知情人和纠纷发生地附近的群众做调查，进一步了解纠纷情况，弄清纠纷的事实真相。对不同身份的人提供的材料，都要仔细分析、查对、核实。调查过程中，人民调解员应把调查的情况作出详细的笔录，必要时可由被调查人写出书面材料。

第三，到当事人所在单位了解情况，必要时，可求得单位领导和有关人员的支持。

第四,现场走访与实地勘察。有道是"百闻不如一见",大部分纠纷需要调解员通过现场走访与实地勘察来获取第一手资料,更好地理解当事人的主张。以相邻关系纠纷为例,无论是农村房屋及院墙年久失修倒塌、雨季水流不畅导致邻居房子裂痕造成损害的纠纷,还是楼上装修行为导致楼下墙体开裂而引起的纠纷,人民调解员都应亲自到相邻关系纠纷发生地现场走访与实地勘察来掌握第一手材料,甚至可以就地展开调解工作。有些医患纠纷,经双方同意,医疗纠纷人民调解委员会可以委托有法定资质的专业鉴定机构进行鉴定以明确责任。

人民调解员应对调查的情况进行记录,填写符合《全国人民调解工作规范》附录 C.3 要求的《人民调解调查记录》。

总之,在广泛调查的基础上,对掌握的纠纷情况进行综合分析,总结归纳纠纷当事人双方争议的焦点、难点和矛盾等,是调解准备工作的重要内容。

2. 了解相关专业知识、法律法规、国家政策、社会公德、当地习惯与民间风俗等依据。

目前基层人民调解工作中,人民调解员对于常见的或者简单的案件,通常能够顺利地开展调解工作。有时候也会遇到一些较为特殊的、复杂的、新型的案件,目前拥有扎实的法律基础与较高政策水平的调解员毕竟还是少数,绝大多数调解人员需要事先或者在与当事人接触、了解核实纠纷情况的同时,通过各种渠道了解并掌握调解该纠纷所适用的法律、政策、社会公德、当地习惯与民间风俗等调解依据。还可以为了增强调解时的说服力,搜集与该纠纷相类似的典型案例。

只有了解了上述调解依据,人民调解员才能理解纠纷的性质、确定纠纷的种类与案由,才有可能在接下来的调解过程中占据主动,在掌握原则的基础上分清是非,对当事人的行为和主张作出正确的评价,为调解工作的顺利进行奠定基础。

(四)拟定调解方案

具体负责的人民调解员可根据掌握的纠纷基本情况,在分析、判断纠纷事实和证据材料的基础上,研究确定调解方案;对于重大疑难复杂的民间纠纷,可制订书面调解方案。调解方案的内容主要包括:

1. 调解所要达到的目的。

2. 调解双方当事人的诉求或可能提出的诉求。

3. 调解的重点、难点,如解决纠纷的关键人物,需要解决的关键问题,可借助的第三方力量等。

4. 调解过程中可能出现的问题以及攻坚策略、方式。

5. 调解纠纷所涉及的法律、法规、规章、政策条款、当地习惯与民间风俗等。

6. 具体的调解方式、方法和技巧，如婚姻家庭纠纷多采用面对面调解与背靠背调解交叉进行法、换位思考法、唤起旧情法等方式方法技巧；对邻里、房屋宅基地等常见多发的矛盾纠纷，村（社区），乡、镇（街道）人民调解委员会常采取法理情相结合等方法，及时就地进行化解，努力实现小事不出村（社区），大事不出乡、镇（街道）；群体性纠纷可采用座谈会调解、联合调解、重点突破法等方式方法。

对于一次调解难以解决或容易出现反复的纠纷，应当事先做好多次调解的准备。在遇到疑难、复杂纠纷时，应由调解委员会集体讨论。当然调解方案只是人民调解员在调解纠纷前所作出的设想，在调解开始后，调解方案应随着当事人的意见和纠纷解决的进程进行调整，灵活、有效地把握调解的进程，不能生搬硬套事先拟定的调解方案。

（五）选择适当的调解场所并精心布置

《人民调解法》第 21 条第 2 款规定："调解民间纠纷，应当及时、就地进行，防止矛盾激化。"《人民调解工作若干规定》第 28 条规定："人民调解委员会调解纠纷，一般在专门设置的调解场所进行，根据需要也可以在便利当事人的其他场所进行。"从上述规定可以看出，调解的场所不拘一格。每一个有利于纠纷各方了解对方诉求、协商解决矛盾的地方都是最好的调解场所。一般而言，调解最好在一个中立地点进行，如在调解员的办公室或人民调解室，这样的地点和场合对当事人的心理而言是平等的，任何一方当事人都不会认为对方有所谓的"主场优势"。

在古代，作为公共场合之一的茶馆，成为纠纷调解的最好场所。在封建时代的乡土社会，"每有纷争，最初由亲友耆老和解，不服则诉诸各房分祠，不服则诉诸叠绳堂。叠绳堂为一乡最高法庭，不服则讼官矣"，宗族各房分祠成为同宗间纠纷的调解场所，而叠绳堂则成为乡级调解场所。明朝时，明太祖朱元璋诰令要求每个乡村设立"申明亭"，作为乡村仲裁产业、婚姻、争斗等纠纷的场所。这种在村庄中公共场所进行调解的习俗一直延续到今天。

在隐私权观念日益提升的现代社会，纠纷各方更乐意在私密状态下解决矛盾，而不是将冲突公之于众，这也就要求调解场所有一定的私密性，主要在室内完成。

对于一些事实清楚、情节简单、争议不大的纠纷，或应当事人要求，从便利当事人的角度出发，可就地或在其他场所，如当事人的家里、所在的车间或单位、田间、地头进行调解。对于疑难复杂的矛盾纠纷，则应当在专门的调解场所进行。突发事件的调解应尽快就近进行。

调解场所的布置则应体现亲和性（如设置饮水机、电话、单独与当事人一方会谈的合适场所，目的是让当事人放松，说心里话）。座次安排无固定要求，使当事人相对放松，方便交流。按照行为科学的原理，有人认为柔和灯光、暖色调的装饰和粉红色的桌布更有利于平和当事人的情绪；绿色植物或盆栽、鲜花等装饰品赏心悦目，有利于纠纷当事人心平气和地达成协议。

（六）调解前告知

人民调解员应以口头或者书面形式，提前告知当事人调解时间、地点和调解员姓名等信息。调解较为复杂、当事人争议较大的纠纷，一般要制作调解通知书送达纠纷各方，告知其调解时间、地点等，要求准时到达。每一份调解通知书均应有存根留底，上面有当事人签名、调解员签名以及人民调解委员会盖章。

实践中，调解时间往往根据具体案件确定，复杂案件时间可以长一些，简单案件相对短一些。根据案件复杂程度，调解程序也可以有所不同，简单案件可以简化程序。

二、法院调解准备阶段的工作内容

（一）阅读相关材料

在法院调解中，一般阅读诉状、证据等案卷材料是第一步。如果调解人员在调解以前不看卷宗材料，不做准备，甚至连原告的起诉状、基本证据等都没有看过，不知道纠纷的内容，不知道争议焦点，调解就很难有针对性。而且，没有准备的调解员是瞒不过当事人和代理律师的，这将严重影响调解员的形象和威信，也不利于调解工作的开展。

阅读案卷等相关材料一般需要审查以下内容：案件涉及的基本法律关系；当事人的主体资格即当事人是否属于适格的原、被告；案件的管辖问题等。

（二）征求双方对调解的意见

法院调解大致包括诉前调解和诉中调解两种方式。诉前调解特别注意当事人的意见，如果其中一方不同意调解，负责调解的人员就要尽快立案以启动诉讼程序。因此，调解要积极与原、被告沟通，阐述诉前调解的工作机制、程序和优点，回答原、被告关心的问题，争取双方都同意调解。如果双方都不同意诉前调解或调解不成功，则应该启动诉讼程序。诉讼过程中，根据案件审理的具体情况，如果发现双方存在调解的可能，办案法官可以建议双方调解，或者一方提出调解要求后，法官征求另一方的意见，并就调解结案的法律后果等相关问题做出说明，积极促成调解。

（三）初步评估调解的适用

在完成阅读基本材料、征求当事人意见、收集一些基础性的资料信息等工作以后，调解人员应进行分析，初步评估该纠纷是否有调解的可能。调解员既要考虑有利因素又要考虑不利因素，做好相关的准备。

（四）确定调解时间

调解贯穿民事诉讼始终，也就是说，民事案件在诉讼进行的整个阶段都可以进行调解，包括在一审程序中，法院立案后、庭审前的准备阶段、庭审阶段、法院辩论终结前后、判决作出前，随时都可进行调解。在二审程序中，第二审人民法院审理上诉案件，也可以进行调解。

人民法院调解案件应以当事人申请为原则，因为是否以调解方式解决纠纷是当事人的诉讼权利，也是当事人对实体权利行使处分权的体现。应根据当事人申请，征求对方的意见，结合案件审理的需要确定调解时间。

（五）确定调解地点

调解既可以在法院内进行，也可以就地进行，包括当事人所在地和纠纷发生地。例如，相邻关系纠纷，更适合就地进行调解。就地调解既便利了当事人，又有利于进行法治宣传，起到“调解一案、教育一片”的社会效果。

（六）确立调解思路

人民法院在调解时，应当做好调解前的准备，确立调解思路或调解方案。法官要在审查起诉状、答辩状和证据材料的基础上，弄清双方当事人的争议焦点，征询当事人双方是否愿意接受调解，确定是否邀请有关单位或个人参加调解，以及进行必要的收集调查证据工作，掌握全部案情及有关情况，以便有针对性地进行调解工作。

（七）通知当事人

人民法院可以采用简便方式通知当事人、证人到庭参加调解，如口头通知、电话通知等，而不必使用传票、通知书传唤。因为调解直接涉及当事人诉讼权利和实体权利的处分，所以人民法院调解时，当事人应到庭。当事人确因特殊情况不能到庭的，经其特别授权，可由其委托代理人参加调解，达成的调解协议，可由特别授权的委托代理人签名。离婚案件当事人确因特殊情况无法出庭参加调解的，除本人不能表达意志外，应出具书面意见，以说明自己的主张。

三、行政调解准备阶段的工作内容

（一）根据纠纷的性质（民事纠纷还是行政纠纷）确定主持调解的行政机关和主持人

调解民事纠纷，应由对该民事纠纷所涉及事项承担行政管理职责的行政机关负责调解，并由该机关具体承担行政调解工作的人员担任调解人员。调解行政争议的，可以确定由原行政行为的承办机构具体承担行政调解工作，也可以确定由其他机构具体承担行政调解工作。原行政行为的承办人不得担任调解人员。行政调解人员有应当回避的法定情形的，应当主动回避或根据当事人的申请，由行政机关决定其回避。

（二）确定参加调解的人员

当事人以外的公民、法人或其他组织与纠纷有利害关系的，可以申请参加调解或由行政机关通知其参加调解。根据调解的需要，可以邀请有关单位、专业人员或其他相关人员参加调解。

（三）调查查明事实

行政机关要根据双方的争议事项进行必要的调查，采用调查证人、现场勘验、询问当事人等方法查明事实，了解矛盾纠纷的焦点，以便有的放矢地开展调解工作。

（四）行政调解事项告知

行政机关受理行政调解后，应当及时告知当事人调解时间、当事人的权利义务、应当遵循的程序、注意的事项，并听取当事人各方的意见等，使当事人明确行政调解的有关要求，帮助当事人正确行使自己的权利。

第三节　调解准备阶段的策略与注意事项

一、指定人民调解员的策略和注意事项

（一）根据纠纷的种类不同指定不同的人民调解员

民间纠纷的种类繁多，包括婚姻家庭纠纷、邻里关系纠纷、房屋宅基地纠纷、债务纠纷等，纠纷的类型不同，调解纠纷的人民调解员也应不同。比如，婚姻家庭纠纷，一般由那些已婚的、德高望重的、善于处理婚姻家庭关系的人民调解员，包括一些女性人民调解员进行调解比较合适；邻里纠纷，由那些与纠纷双方都比较熟悉，又受纠纷双方尊重的人民调解员进行调解可能更为妥当；债务纠纷，由那些精通法律的人民调解员进行调解，有利于清楚准确地向当事人讲解有关法律和国家政策，帮助当事人分析利弊得失，促使当事人在平等协商、互谅互让的基础上达成调解协议；医疗、道路交通、劳动争议、物业管理等行业和专业领域矛盾纠纷，由具备专业知识和精通法律的人民调解员进行调解，借助专业力量顺利开展调解工作。

(二)根据纠纷当事人的身份特点指定适宜的人民调解员

纠纷当事人有男有女、有老有少、有汉族也有少数民族,考虑当事人的这些特点指定适宜的人民调解员进行调解,有助于纠纷的解决。比如,对于外嫁女引发的土地承包纠纷,由女性人民调解员调解,其提出的纠纷解决方案可能容易为女性当事人所接受;少数民族发生的纠纷,由本民族的人民调解员调解,可以解除当事人存在的少数民族可能会受到不公正待遇的担忧;涉外纠纷比较复杂,可以由聘请的外籍调解员参与调解,让"老外帮老外"有利于破除语言上的障碍,增强信任感,又能体现公正。

(三)根据纠纷的复杂程度、影响大小、紧迫与否指定人民调解员

民间纠纷有的发生在两人之间或者夫妻、家庭之间,情节比较简单、争议不大、社会影响不大,而有的纠纷涉及人数较多,各种矛盾交织,影响面广,比较复杂;有的纠纷属于小打小闹,当事人之间时好时坏,矛盾虽断断续续发生但没有激化的迹象,而有的纠纷由来已久,长期得不到解决并有突然爆发的可能。指定人民调解员调解纠纷要考虑纠纷的性质和特点,对于情节简单、较易处理、可以掌控的纠纷,可以考虑指定一名人民调解员进行调解,介入调解工作的时间也不一定太紧迫;对于涉及当事人多、案情复杂或社会影响大的矛盾纠纷,以及可能引发群体性事件或民转刑等矛盾纠纷,应统筹律师、基层法律服务、公证、司法鉴定、法律援助和法治宣传等法律服务资源,加强与行政调解、行业性专业性调解、仲裁、行政裁决、行政复议和诉讼等衔接联动,形成矛盾纠纷化解工作合力。

二、会见当事人的程序、方法与策略

调解员在初次与当事人会面时,尤其与被申请人会面时,应征询当事人是否同意进行调解。若当事人同意,调解员在初次接触中,应当要求当事人提供个人联系方式,以便日后可以随时与当事人联系;应当向当事人介绍调解的功能及有关调解程序;向当事人主动介绍自己的调解资历、专业背景等,以便建立调解员个人专业形象,有助于当事人对调解员的信任。同时,也要向当事人介绍调解员在整个调解过程中所发挥的作用和功能,并且要求当事人提供与纠纷有关的证据材料,以利于调解员了解相关事实及制定调解策略;通过与当事人的会见及审查有关资料,调解员能够较充分地了解纠纷产生的背景、纠纷性质及评估当事人的心理状况是否适合参加调解。

调解人员会面的程序和方法包括会见的开始、倾听当事人陈述、回答相关法律问题、总结确认、会见后跟进等环节。调解员在会见当事人阶段需要掌握的主要技

巧有:倾听的技巧、提问的技巧、记录的技巧、非语言交流的技巧、复述的技巧等。

(一)会见的开始

当事人最初来到调解机构一般都会很紧张,有些当事人对调解员的问话,一字一句都非常敏感。因此,调解员在会见的初始阶段的首要目标是尽量消除当事人的紧张情绪,缓和气氛,使当事人能够尽快地适应会见氛围。在会见初始阶段经常是从与纠纷无关的话题开始谈起,如对当事人说,“今天天气真不错啊,基本上没有雾霾!”“大老远来的,一定很辛苦吧!”,等等。这些寒暄并不是无用功,对缓解当事人紧张情绪很有好处。要向当事人介绍会见的具体流程,解释会见的性质,介绍调解员的权利与义务,了解当事人对案件所做的准备情况及是否已经咨询过其他人等基本信息,以便更好地开展工作。

(二)会见的展开

这一阶段的主要目标是了解案件核心事实,一般的做法往往是先听后看再问,由浅入深,从表象到核心。首先是听。倾听是关心,是理解,是表示对说话人的尊重,调解员在这一过程中的主要任务就是耐心地倾听,有选择地进行必要的记录。不能只认真倾听要件事实的部分,之后就不那么认真听了。调解员应该好好地听一听案件背后的故事,比如,当事人本人觉得本案该如何解决才是最好的,对对方当事人有什么样的看法,案件的来龙去脉是怎样的等。认真倾听当事人的想法,可以了解当事人对案件的期望,这样才能找到一个最大限度地满足当事人期望的调解方案。其次是看。调解员在听取当事人陈述纠纷情况的过程中,及时地查阅当事人所提供的证据材料,以此来印证当事人陈述的客观程度,进一步核实案件基本事实,发现案件的证据线索,同时也有利于寻找当事人的核心利益,发现当事人内心真正的追求。最后是问。就是在听和看的基础上,针对倾听当事人陈述、查阅证据材料后发现的问题、细节等进一步地向当事人提出问题,引导当事人把导致困惑或矛盾的深层原因呈现出来,同时也帮助当事人看到当前矛盾的未来意义或背后的深层意义,使其看得范围更大、更宽、更高,从而化解诸如“我是绝对不可能原谅对方”“我是绝不可能和对方合作”之类的片面认识,帮助当事人调整思考方向,探讨其他的积极可行的解决方案。调解员在这一阶段应当注意以下问题:

1. 倾听当事人陈述纠纷情况,态度和蔼,表情专注,不可读书看报,或东张西望,似听非听,心不在焉。

2. 会面过程中,不时用言语和态势呼应,如适当说些“嗯”“啊”“对”“是这样”等短语以应答,或不时点头、微笑,以示鼓励。

3. 适时地重复当事人的陈述,或用鼓励的语言激发对方等方式,表示自己尊重、理解和信任的态度。比如,当事人说:“吃早餐对身体很重要。”调解员回应说:“嗯,我早晨是要吃饱了肚子才开工,身体暖暖的,做事才起劲嘛!”

4. 在倾听过程中,要选择时机及时打断或者插入问题,对当事人进行有效引导,把握会见当事人的主导权,以便进一步了解案件事实。

(三)会见的结束阶段

会见后期,往往是对会见情况的总结确认阶段,主要任务是对当事人的陈述情况进行回顾与确认。比较常见的方法是调解员总结当事人的陈述内容,向当事人证明自己确实听见了并理解了他们所说的,使当事人觉得自己是被关注和重视的。确认总结应当重点突出,表达简练,确保沟通对象的接受和理解,并进行完整的记录。

(四)会见的后续工作

在临近会见结束时,调解员应当与当事人协商如何完成后续工作。首先,进一步确认当事人的通信地址、联系方式(电话、电邮等)。其次,应当告知当事人在会见结束后需要完成的工作,比如证据材料的补充及完备,当事人应当注意的事项,特别是告知当事人要理智处理与另一方当事人的关系,以免矛盾激化。最后,将调解员的工作计划告知当事人,如会见另一方当事人,进一步调查核实案件事实,拟定调解方案等。

三、调解员与当事人之间沟通、互信的策略与注意事项

调解需要一个信任的环境,成功的调解需要当事人信任调解员,只有当事人愿意倾诉自己的苦楚和表达自己的诉求,调解员才能在充分了解纠纷事实的基础上准确地找到当事人双方利益的共同点,从而实现调解的成功。调解员在正式调解之前,应当与当事人进行充分的沟通,努力构建与当事人的信赖关系。调解员应当尽可能做到以下三点:

(一)尊重当事人的世界观、价值观

因每个人的生活环境、人生阅历不同,所以每个人的世界观和价值观不尽相同,尊重别人就是尊重别人的看法、想法、说法、做法。尊重必须是发自内心的,是心与心的交流,“尊重别人发表意见的权利。其实,每个人对每件事会有不同的看法和不同的理解,不能期望大家的意见完全一致”。调解人员不能以自己的价值观来否定当事人的想法和意见,凡是符合自己价值观的就是对的,凡是不符合自己价值观的就是错的。调解人员与当事人在人格上是平等的,理应以礼相待。当然,尊重当事人的人格和价值观,不指责当事人的过错,并不意味着调解人员肯定或者认同

当事人的立场和观点，而是让当事人能够在互信的环境中，打开心扉，畅所欲言，真实地表达自己的意见，有利于调解人员与当事人之间的顺利沟通。

（二）真诚地关心当事人

调解人员的真诚有助于营造安全的氛围，让当事人感觉自己很重要，受到重视，使其愿意诉说自己的烦恼。具体而言，可以在以下几个方面体现对当事人的关心：

1. 对当事人身体状况的关心；

2. 对当事人家庭状况的关心，如在家庭纠纷中，多询问纠纷的起因，家庭成员相处的感情等，使当事人感受到调解员对其纠纷的真正关心；

3. 对当事人生活处境的关心，如在交通事故中，多了解其医疗过程、恢复情况、家庭经济状况、被扶养人生活条件等，不但可以通过了解这些情况为调解提供信息，也使这些当事人感到温暖；

4. 对当事人经营状况的关心，如对个体工商户、农村承包经营户以及企业等之间的争议，询问经营现状、因纠纷带来的不良影响等问题，会增加当事人与调解员的沟通对话机会，进而产生对调解员的信任；

5. 对纠纷给当事人产生影响的关心。任何民间纠纷都会在一定程度上影响当事人的生产、生活、工作或者学习，牵扯当事人一定精力，调解员通过对这些问题的关心，不仅加强了与当事人的交流，更可以通过这些纠纷产生的不利影响，进一步讲解调解解决纠纷带来的好处。

（三）善解人意，学会寻找共同语言

善解人意，是指一种能设身处地从当事人的角度去体会并理解当事人的情绪、需要与意图的一种人格特性。善解人意表现为一种对当事人的关切、接受、理解和尊重。要求调解员设身处地地体验当事人的内心世界，充分理解当事人的心事，产生“共情”，并能把这种理解以关切、温暖、尊重的方式表达出来，即以准确的言语表达对当事人内心世界的理解。比如，当事人的烦恼如果调解员也曾经历过的话，调解员可以说“我也因为同样的事情烦恼过，其实每个人都有烦恼”。调解员需要在与当事人的交流中，迅速了解并适应当事人的思维方式和讲话习惯，努力寻找共同语言。

四、发现与归纳案件争议焦点的策略与注意事项

在案件信息收集、调查核实的基础上，调解员需要对材料进行综合全面的分析判断，去伪存真，以便得出最为接近事实真相的正确结论。案件信息的鉴别与判断

工作,就是将各种案件信息按照客观准确的要求进行去伪存真、去粗取精的过程。

首先,调解员应该设身处地站在当事人的角度思考问题,如果自己处于这样的情况下该如何处理,会处理得比他好吗?自己首先想到的会是什么,如何处理才会接受等。只有站在当事人的立场上来思考,才会找出双方当事人争议的焦点。在听取原告陈述时,要站在原告的立场上;在听取被告陈述时,要站在被告的立场上。不去与当事人进行交流,就无法深入当事人内心深处发现他们内心真正的诉求。纠纷解决方案如果不能体现当事人的核心利益,则只能意味着失败。例如,很多要求离婚的当事人,内心不想离婚,只是想通过爆发矛盾让另一方在某些方面改变不好的习惯、性格等;有的离婚案件感情确已破裂,另一方只想拖住对方多要点财产。其次,认真选择信息材料,剔除无关、无用和靠不住的信息材料,并将代表性的和重要的信息材料挑选出来,使信息层次分明,条理清晰,从而加强其逻辑性和说服力,达到帮助当事人对信息的认识、消化和吸收的目的。最后,当发现已有的案件信息有矛盾、冲突、缺失和疑点时,要进一步修正并补充收集信息材料。

五、选择和布置调解场所的策略与注意事项

调解可以在调解机构设置的场所内进行,也可以由双方当事人选择其他地点,应以便利当事人和有利于调解为原则,突发事件的调解应尽快就近进行。

(一)调解室应本着"简洁、实用、宽松"的风格进行布置

调解室的功能,在于消弭当事人间的分歧,促成纠纷的解决。因此,调解室设计应努力消除诉讼过程中对抗性暗示的元素,而增加平等性和合作性的隐喻。

(二)桌椅的摆设

正式调解场所应选择在中立地区,以圆桌式或对席式为宜,随机选择的场所可以不拘形式,但尽可能不特意标明甲方、乙方身份,不应采用法庭式布置。调解员与纠纷各方同席而坐,传达了调解员的职能是基于当事人自愿的居中调和而不是国家公权裁判的特质。

在实践中,桌椅摆成同心圆,调解员和当事人可以随意选择座椅,以"圆桌会议"表示调解过程中各方的平等。但圆桌调解存在以下不足:一是在长方形的调解室中,圆桌实际上是一种浪费空间的摆设方式,如果在面积不大的调解室中,中心摆设圆桌,四周剩余的空间都不好利用;二是当事人在陈述时,目光无法直视另一当事人,此行为可能会被视为不礼貌。因此,调解室的桌子一般应采用长方形,调解员的位置最好安排在门的正对面,当事人分坐两边,可以对视,有利于交谈和交换资料,当事人最好和自己的委托代理人坐在一起,随时可以商量对策或作出决定。

调解室桌子上应提供饮用水、茶叶和水杯，实践证明，在调解谈判过程中，饮水是正常的生理需要，因为谈话过多容易口渴，适量饮水也有利于情绪放松，或掩饰心理活动。提供茶叶是考虑到饮茶是我国一些地方居民的生活习惯，情感沟通、商务谈判，纠纷解决，许多都是在茶香中得到解决的。调解室中应当配备带打印功能的电脑，方便书记员记录或及时打印出调解协议。

（三）调解室墙壁的装饰

调解室的墙壁上一般不悬挂大型国徽，弱化权力或裁决等不利于协商和解的符号。为突出和解氛围，悬挂艺术品或和解格言等以缓冲当事人的冲突心理，增加和解机会。在调解室的墙壁上挂一些诸如“和为贵”的名言警句或传统水墨山水画。在色彩上，一般选择蓝色或者绿色，因为从心理学的角度认为这几种颜色有利于人心理上的放松。在调解过程中墙壁上可悬挂时钟，可以让调解员在调解过程中适当掌握时间，并提醒当事人注意抓紧时间。

（四）调解室其他实用功能的注意

1. 通风采光吸音。调解室装修时应当考虑通风、采光、吸音等房屋基本功能。由于一般参与调解的人数相对较多，如果通气不畅，室内氧气消耗量加大时，屋内人员容易产生窒息感，诱发逃离的潜意识，同时加剧当事人的焦躁情绪。因此，当调解室不具备窗户条件时，应当加强管道通风，确保屋内清新空气的流动。同时可以在屋内放置绿色植物，有利于增加氧气供给，也给人赏心悦目之感。调解室最好能引入自然光，如果只能借助照明系统，则应使用柔和的灯光。墙壁上可以贴一些有吸音功能的壁纸，减少因谈判发言或争吵时产生的回音。

2. 白板的使用。白板是调解员最有力的帮手之一。白板一般放在调解室内最显著的位置，可以让室内的人一览无遗。在调解过程中，调解员可以通过板书的方式，将双方的诉求分别列出，并列出其中的分歧和共识部分，板书在帮助调解人员整理思路的同时，可以使各方明了纠纷的重心，促使当事人更加有效和直接地调整策略。

3. 准备一个相对封闭的、可与当事人背对背谈话的、也可在里面举行私人会议的、隔音效果良好的小会议室，以便应付各种情况，更有效地促进和解的达成。

第九章　调解的实施

不同类型的调解虽然各有特点，但是调解的步骤与程序，大体相同。一般而言，可以分为调解的开场阶段、陈述事实与提出诉求阶段、调解的破解阶段、调解结束阶段。

第一节　调解的开启

调解的开启主要是指双方当事人根据调解委员会的安排，进入正式调解程序。在调解开启阶段调解员要借助一切机会同双方当事人建立信任，要主动向当事人介绍调解的优势、规则与要求，以保证调解的顺利进行。

一、建立调解员与当事人之间的信任

在调解时，取得当事人的信任是调解工作能够顺利推进的前提，能够达到事半功倍的效果。从实践中看，取得当事人的信任有以下几种方法。

（一）调解员树立权威

调解中，调解员要取得当事人的信任，让当事人对他的教育、批评、调解意见等予以接受，其中一个重要的因素在于调解员在双方当事人心目中具有权威性，让人信服。在调解实务中，能够将调解工作做得优秀的调解员在当地群众中都是具有威信，广受群众信任与尊重的人。

调解员要树立权威一般要做到以下几点：其一，调解纠纷兼顾双方，主持公道。其二，在生活中注重自己的品行，洁身自好。其三，善于利用自己“单位”的权威。近年来人民调解的创新在不断发展，出现了很多新兴的调解组织，很多当事人觉得陌生。尤其是在城市之中，人口流动量大，面对主动介入的调解组织，当事人往往并不了解，缺乏权威认同与信任。可以通过主动介绍自己的身份，借助自己所在单位的权威赢得当事人对自己的信任。如向当事人介绍调解员是当地居委会的工作人

员、设在交警大队的人民调解委员会的调解员，法院委托的调解员，“110”联动的调解员等。其四，向不熟悉自己的当事人介绍自己的调解经历或成功调解的案例。通过介绍自己的调解经历使当事人对调解员的调解能力与技能认可甚至敬佩，容易赢得当事人的信任。

（二）调解员及时阐明调解中立、公正的立场

调解员在调解过程中要保持中立、公正。对待双方当事人切忌厚此薄彼，否则稍有不慎，就会引起冲突，甚至致使人民调解工作前功尽弃。调解员调解纠纷时，首先应当努力摆脱自己内心的偏见，预先了解当事人的心理、情绪以及调解的预期目的，然后发挥法律、道德规范、情感的多重作用，找准矛盾转化的交叉点，找准法律与情理的融合点制订调解方案进行调解。取得当事人的信任，使其相信调解员是中立的，是善意的，是以关心、爱护他们为出发点的，是真心为他们解决问题的，从而使双方当事人对调解员产生感激、爱戴、依赖之情。在此基础上调解员就可以大胆地摆事实、讲道理，以理服人，做到情理相通。

（三）调解员应该尊重、关心双方当事人

调解员要对当事人投入真情实感，用真心真情去关注当事人的烦恼与矛盾。调解员应该认真听取当事人的需求，及时表示当事人对某些问题关切的合理性，并表现出愿意设法帮助他们。这种真诚关心，能够使当事人对调解员产生一种认同和好感。让当事人感觉到，调解员是对其权益的维护。即使调解员不需要给当事人解决问题，也可以进行沟通，并以此来表明调解员对当事人的关心。

（四）调解员与当事人之间的沟通的范围不以“纠纷”为限

调解纠纷重在从纠纷的本源问题出发解决纠纷。调解时，调解员除了同当事人探讨纠纷外，调解员还可以在以下问题上与当事人多做沟通。如探讨类似的人生经历；讨论生活的难题；谈论关于个人的子女；分享自己的个人信息；在调解过程中融入幽默等。但需要注意的是，以上这些建议绝不能生搬硬套，这要视不同的调解背景而定，如当事人的性格、调解时间的松紧程度等。但是，对于大多数调解而言，就上述的某些内容与当事人进行沟通，往往能为调解员赢得当事人的好感乃至信任，这将为调解员接下来的工作打下很好的基础。

（五）语言表达要符合当事人的情况

调解的依据得到当事人认可，是调解员调解工作得到当事人认可的逻辑前提。调解实务中，调解员选择的依据、所讲述的道理应当是当事人所认可的规范。假如超出当事人的认知范围或与当事人的认知标准相悖，可能会适得其反。例如，对乡村人员的纠纷调解，用语过于法律化、规范化，所举事例超出其生活环境，调解很难

进入当事人的内心；如果对城市环境中长大的当事人大谈农村的风俗、习惯、传统，不但浪费口舌，还会使当事人对人民调解活动产生逆反心理。如此一来，调解员会被当事人从内心排斥，对调解员的信服也就无从谈起，调解工作就很难展开了。

在调解实务中，成功的调解员对调解依据的选择也非常有考量。调解员要熟悉地方习惯、民俗和当事人心理，纠纷圆满地解决并不完全依靠法律的解释，而是常常将情、理、法融会其中，在调解程序规范化中不失灵活性。假如调解员只讲法律，不考虑当事人的情感，这样会使当事人"钻牛角尖"，纠纷调处也就走进死胡同。同样调解员只讲情理，不讲法律，这样的"情理"就没有根基，当事人也不会接受这样的"情理"。其中"法"是国家的宏观规定，"情""理"都是立足于地方性特点，尽力以地方逻辑说服当事人化解矛盾。

二、开场宣告

取得当事人的信任是做好调解的前提，进入调解后，有一个清晰明了的开场宣告，向当事人介绍及讲解调解过程、调解基本规则、当事人在调解中的权利义务等，是保障调解顺利进行的重要保障。

（一）介绍调解的优势

充分介绍调解的优势，如调解的费用低，调解较之诉讼充分尊重双方的意愿，有助于恢复关系，降低对抗，调解保密，调解的综合观等优势，使双方当事人能够珍惜调解的过程。

（二）宣读规则，确保调解活动的秩序

一般而言，调解员应当在调解初始阶段重点告知当事人以下调解规则。

1. 调解是一个当事人自决性质的解决争议的程序，解决纠纷的责任应由争议双方当事人承担。

2. 调解员在调解过程担任促进者的角色，其主要的任务是协助双方当事人在充分获知相关信息的基础上达成自愿的解决方案。

3. 调解员为调解程序的主持人，依法享有主导调解程序的职权，具体包括：指挥调解的进行并维持调解程序、允许双方当事人进行相关案件的事实陈述和辩论、调解员有权向当事人发问、有权确定并且邀请相关人员出席调解会议并协助调解、调解员在评估双方当事人参与调解意愿的基础上，有权暂停或终止调解，并建议双方当事人接受适当的专业协助或者选择其他解决争议的途径。

（三）进一步明确调解员及当事人在调解活动的权利与义务

1. 当事人在调解活动中享有下列权利：（1）接受调解、拒绝调解或者要求终止

调解；(2)要求有关调解人员回避；(3)要求调解公开进行或者不公开进行；(4)自主表达意愿，自愿达成调解协议；(5)法律、法规规定的其他权利。

2. 当事人在调解活动中承担下列义务：(1)遵守调解秩序；(2)尊重调解员，尊重对方当事人；(3)言语、行为要文明；(4)如实陈述事实，提供真实证明材料；(5)自觉履行调解协议；(6)法律、法规规定的其他义务。

第二节　调解的进行

在调解程序开启后，调解进入关键时期，在调解员的主持下，各方当事人充分表达各自对案件事实的看法、陈述各自的调解需求，是当事人思想、立场和观点的集中表述、碰撞和冲突期，也是调解员积极介入，协助双方化解纠纷的关键时期。

一、引导当事人陈述案件事实与提出诉求

调解过程中由于案情不同、当事人情况不同往往采用多种对话的方式。在实践中，由于在对方当事人在场的情况下，阐述事实或提出诉求时会有所顾虑，因此最为常见的方式是用背靠背的形式予以聆听。有些纠纷因需要或者是前期交流较好的基础上也可以直接进入面对面的交流的环节。如进行面对面交流可以参考以下的流程。

调解员宣读开场白、确认调解规则后，应当邀请争议一方简略陈述争议事实及个人的调解诉求，一般来说，调解员为了体现中立立场，应当向双方当事人征询，哪一方当事人希望首先发言，以免影响当事人对调解员的信任。调解员应当向当事人双方强调，要当事人切实遵守调解基本规则，任何一方在发言中，对方不准做出任何干扰。若双方当事人有律师代理人出席参与调解，调解员应邀请当事人首先做出有关陈述，然后让其律师做出补充，再引导当事人对每一项要点加以详细叙述，协助当事人总结有关观点和事实。

当一方当事人发言完毕，调解员必须立刻地总结其观点、事实及诉求，给予发言方澄清及纠正(若有错误)的机会，以便调解员清晰了解引发冲突的真正原因，同时也让当事人感受到调解员的专心聆听。一方当事人陈述完毕后，调解员可邀请相对方陈述其本身的观点及有关事实，然后再引导当事人对每一项要点加以详细叙述补充及协助总结有关观点或事实。在陈述完毕后，调解员亦可立刻简略地总结其观点、事实及诉求、以利发言者澄清及纠正。在这个阶段，调解员必须用心聆听

及注意观察当事人的反应与感受。如果当事人聆听对方的观点及立场时,反应激烈、举止异常,调解员必须及时提醒当事人遵守调解员制定的调解规则,即在一方发言时,对方不能实施任何干扰举动。同时,调解员也要强调当事人的敌对情绪与异常行为不但不能帮助他们解决纠纷和达成协议,反而会引发新的纠纷和冲突。调解员必须维持及执行相关调解规则,否则将会无法营造平和、安全及和谐的气氛和环境。

在调解实践中,调解员也往往会发现当事人个性差异和表达能力的强弱。此时调解员需要鼓励较弱一方当事人面对有关困难,可以邀请法律援助的律师辅助其参与诉调解并且以务实的态度去解决问题,避免产生对立的状况。必要时,调解员应界定讨论或争执的范围,以免当事人节外生枝,远离议题,浪费时间,调解员亦需推动他们彼此积极地互动与协商、协助当事人彼此认识对方的个人及共同利益、需求及困难。

二、总结当事人的观点与矛盾焦点

(一)总结双方观点与矛盾焦点

调解员在聆听双方的观点、事实及诉求后应当立刻总结双方的观点、立场、事实及需求,并且记录及总结当事人所陈述的事项,并向当事人复述一次,以便让当事人审核及纠正任何误解和遗漏,加强当事人对调解员的信任,凸显双方的共通点及双方认同的事实,并让双方聆听彼此的观点、立场、事实、需要及需求,以利于调解员营造一个友善、融洽的气氛。

(二)剖析纠纷原因与适当评析

在事实基本澄清后,调解员可以采用背靠背或者面对面的方式对当事人在纠纷中的行为进行剖析与评析。此时调解员需要研判冲突、矛盾的症结所在,就有争议的关键事实进行探讨与辩论;当双方对案件事实的陈述不清,真伪不明时,调解员可以协助双方当事人调查取证、申请鉴定等方式寻求真相;疏导与安抚当事人的情绪;与当事人研讨了解问题的症结所在,对当事人在纠纷中的行为进行评析。

三、寻求解决方案

双方当事人对于调解方案很少能够迅速达成一致,在调解实践中,更多的是由于双方当事人的利益需求、立场态度和个性差异等,往往使调解陷入了僵持局面,调解员在此阶段最重要的是运用诸如分开调解、利益得失分析、第三方介入等调解技巧,来缓和双方当事人的立场,寻找破解僵局的有效途径。

在寻求解决方案的过程中,将双方提出的方案一一列明,并且逐个讨论各方案的可行程度;如有必要,将双方分开个别沟通或劝导其可接受的方案。将双方分开个别沟通解决方案,可由调解员说明法令规范,对利害关系做必要之分析,让当事人真正了解如何选择解决方案,无须意气用事,影响解决时机,亦可借此缓和双方情绪,但须注意阐明权的合法合理运用,以免使当事人产生不公平的感受。如果双方当事人对该方案难以达成共识,当告知其他合法解决途径。

第十章　调解的方式方法与技巧

第一节　调解人员应具备的素质和能力

一、调解人员应具备的素质

(一)调解人员要有相应的法学知识

案件的起因是双方产生了利益纠纷,当事人寻求的是法律救济,法律知识是解决矛盾的一个重要基础,需要调解人员对于涉案相关实体法、程序法有透彻的了解和掌握,并能运用法律的手段和方法妥当处理纠纷,从法律的视角将纠纷中包含的法律关系和可能涉及的法律适用解释清楚。

(二)调解人员要有丰富的文化储备

纠纷的发生不仅仅是法律问题,还涉及风俗、习惯、亲情、友情、乡情等。法律在社会生活方面是有限度的,不能涵盖生活的方方面面。所以作为调解人员,除了要了解相应的法律规定,也要了解纠纷所涉及的民间风俗、习惯、禁忌、信仰等文化储备,为做好调解工作打下基础。

(三)调解人员要掌握一定的心理学知识

调解工作同判决相比要难得多。判决只要从案件事实证据出发,以法律为依据即可以判决结案,判决不必在乎当事人的感受,只需要对法律负责。调解却需要尊重当事人的意愿,双方有一方不同意,调解协议就难以达成。因此调解人员往往类似于心理专家,除了捋顺当事人之间的实体权益,还要考虑当事人之间的感情因素。事实上很多纠纷的当事人,并非只在乎实体权益,纠纷背后往往还隐藏着复杂的情感因素。因此做好调解工作,掌握必要的心理学知识是非常重要的。

(四)调解人员要有耐心以及较强的心理素质

调解过程不会是一帆风顺,总会有这样或那样难以解开的纠纷,需要调解人员有毅力和耐心,以顽强的意志力进行反复调解,始终以一种主动、积极的心态去排除各种干扰和障碍,克服困难。坚毅的意志力来源于调解人员强烈的社会责任感和善良的责任意识,调解人员只有在内心真正理解纠纷对当事人以及社会的破坏,深刻了解调解工作的意义,才会产生强烈的社会责任感,才会有坚定的信念和意志力去做好调解工作。

(五)调解人员要有较强的语言表达能力

没有较好的语言表达能力,往往使调解工作陷入被动。结合当事人的情感与实体权益,在调解时适时恰当地表达调解人员的思想,是非常必要的。较强的语言表达能力往往使调解工作事半功倍。

二、调解人员应具备的能力

(一)迅速捕捉纠纷焦点的能力

民事纠纷的发生纷繁复杂,除了实体权利外还掺杂着许多情感因素在里面。调解纠纷就要全面考察案情,要迅速捕捉到当事人的争议焦点。甚至通过沟通了解当事人的底线与预期,依据法律、习惯、习俗等分清当事人的是非。需要指出的是,此时的调解人员需要以一个普通人的心态,站在当事人的立场来理解当事人,此时,法律并不是判定是非的唯一依据。迅速捕捉焦点是调解纠纷的关键。因此,调解人员从接触案件时起就要注意做到以下两点。

1. 注意沟通

沟通是了解纠纷、当事人底线以及取得当事人信任的必要前提。沟通时,调解人员需要放下调解人员的身份,同当事人进行平等地交流。除了谈案件外,调解人员还可以同当事人进行家常谈话,这样可以使当事人完整反映案情,从而了解纠纷焦点。

2. 敏锐捕捉细节

调解过程中当事人的心态变化是复杂的,一个眼神、一个举动都反映了当事人的内心变化。作为调解人员需要察言观色,迅速捕捉这些细节,及时调整自己的调解节奏与调解方案。

(二)灵活运用调解技巧的能力

调解的技巧将在下文进行介绍。调解技巧种类多样,死记硬背是不能将调解方法灵活应用的。调解员除了要非常熟悉调解方法,还要有灵敏的头脑在调解过程中将这些技巧适时地运用在调解工作中。比如:双方情绪激动,矛盾升级时可以采取背靠背与冷处理的调解方法;一方存有过错,有愧于对方,而另一方明显情绪激动时,可以选择宣泄法,让另一方当事人把内心的不满宣泄出来,以平和的心态面对调解。在调解实务中,常常会出现多种调解方法的灵活运用,最终促成双方调解协议的达成。

第二节　调解的主要方式

目前,常用的调解方式有:直接调解与间接调解、公开调解与不公开调解、面对面调解与背靠背调解等。一般情况下,调解人员会根据纠纷的类型、当事人的特点、纠纷的影响力等因素来决定调解的方式。

一、直接调解与间接调解

(一)直接调解

直接调解是指调解人员将纠纷双方当事人召集在一起,主持调解他们之间的纠纷。直接调解可以单独调解,也可以共同调解。在实行这种调解之前,调解人员一般都事先分别和当事人进行谈话,掌握了处理这起纠纷的底线。直接调解普遍适用于:(1)情节比较简单的纠纷,这类纠纷事实清楚,经说服教育,当事人能够认清是非曲直,使矛盾得到解决;(2)矛盾冲突只限于双方当事人之间的纠纷;(3)涉及当事人隐私或其他不宜扩散的纠纷。调解人员在采用直接调解的方式时,特别需要对当事人做深入细致的思想工作,促使当事人之间和解,在新的基础上增进团结。

(二)间接调解

间接调解是实践中经常运用的一种工作方法,其中蕴含着深刻的哲学道理。间接调解是指调解人员动员与借助纠纷当事人以外的第三者的力量进行调解。间接调解方式可分为两种情况:一是针对某些积怨深、难度大的纠纷,可以借助当事人的亲属、朋友的力量,共同做好当事人的思想转化工作。这种调解方式在实践中经常被用来与直接调解结合或者交替使用。二是针对某些纠纷的当事人依赖幕后人为其出主意的心理特征或其意志受幕后人控制、操纵的特点,先着重解决好与纠纷当事人有关的第三者的思想认识问题,然后利用人们对亲近的人较为信任的心理共性,把对纠纷的正确认识通过第三者作用于当事人,促其转变。如有些婚姻纠纷,表面上看是夫妻之间闹矛盾,其实是公婆或岳父母在背后指使、操纵。对这类纠纷,调解人员应首先从做公婆或岳父母的工作入手,解决好他们的思想认识问题,然后再通过他们做夫妻双方的工作。

二、公开调解与不公开调解

(一)公开调解

公开调解是指调解人员在调解纠纷时,允许群众旁听的调解方式。这种调解形式主要适用于那些涉及广、影响大,并对群众有教育示范作用的纠纷,起到“调解一件、教育一片”的作用。

采取公开调解的方式要注意:

1. 不得违反当事人不愿公开的意愿。

2. 纠纷选择要有典型意义,要使群众通过参与调解达到受到法律、政策及社会公德教育的效果。

3. 所选择的纠纷不得涉及当事人的隐私。

4. 公开调解要注意方法,要慎用。不能搞成“斗争会”或“批判会”,应以说服教育为主,促成当事人之间和解。公开调解是借助调解工作宣传法律、法规、规章和政策,教育公民遵纪守法,尊重社会公德的重要方式。在调解公共生活中的纠纷时,如果当时围观的群众较多,要注意当事人的心理状态,特别是情绪状态。如果双方或一方当事人情绪过于冲动,首先要设法使其情绪稳定,恢复理智。同时,表达调解意见要明确,但表达方式要缓和,给对纠纷负责任的一方当事人留一定的“面子”,以免由于其在众目睽睽之下,处境尴尬,因而与调解人员“顶牛”或向调解人员“迁怒”的现象发生。

5. 有助于宣传纠纷当事人的宽容、谦让、助人等美德,可以考虑公开调解。

(二)不公开调解

不公开调解是相对公开调解而言的,是指调解时只有当事人在场,无其他人参加的情况下进行的调解。不公开调解是调解工作的常见方式,尤其适用于涉及纠纷当事人隐私权的纠纷,如一些婚姻纠纷、恋爱纠纷、家庭内部纠纷和调解委员会认为不宜公开调解的其他纠纷。不公开调解是针对当事人的特点和纠纷的具体情况,灵活采用的调解方式和调解技巧。有些纠纷当事人心胸狭小,有些当事人认为家丑不可外扬,还有的纠纷内容属于不宜公开的。采用不公开调解,能够使纠纷当事人说出心里话,使调解人员找到纠纷症结,对症下药调解纠纷。

三、面对面调解与背靠背调解

(一)面对面调解

面对面调解是指在调解民间纠纷时,将双方当事人召集在一起进行面对面调解,促成其达成调解协议的方式。面对面调解有利于维护调解人员的中立地位,保障调解的程序公正。在纠纷双方当事人有可能进行理智协商的情形下,宜采用面对面调解。在当事人情绪对立较严重,甚至矛盾随时可能激化的情形下不宜进行面对面调解。

(二)背靠背调解

调解民间纠纷时,调解人员分别对当事人进行谈话的方式进行调解,俗称背靠背调解,或称个别调解,这是调解的基本方式之一。一般比较简单的纠纷,涉及当事人隐私或其他不宜公开的纠纷多采取这种调解方法。

在进行背靠背调解时,调解人员可以先同当事人谈一些不涉及纠纷而当事人又感兴趣的话题。通过交谈使当事人激烈斗争的矛盾心理冷静下来,为谈话创造思想条件。在涉及纠纷时,谈话的中心议题应集中在弄清纠纷的基本情况上,启发当事人实事求是地回忆纠纷发生的原因、经过和结果。接着调解人员可把这次谈话得到的情况,同原来已掌握的情况加以比较,去掉虚假和相互矛盾的材料,并根据事实和法律向当事人讲明当事人的过错,晓以利害,提出解决纠纷的主导意见促进双方和解。

面对面调解与背靠背调解的使用要分情况而定,在调解纠纷时二者经常交互使用,二者的灵活应用往往能够达到事半功倍的效果。

第三节　诉讼调解的主要方法与技巧

调解工作的方法就是调解人员讲明道理,说服、疏导当事人的方法。调解的方法没有一定之规,调解的方法在实践中是被灵活应用并处于不断发展中的。从理论上讲,纠纷的调解方法是不能被完全概括出来的,在这里,主要介绍一些调解常用的方法。

一、情绪调解法

情绪是个体对外界刺激的主观的有意识的体验和感受,具有心理和生理反应的特征,包括喜、怒、忧、思、悲、恐、惊七种。情绪无好坏之分,一般只划分为积极情绪、消极情绪。心理学认为,情绪不可能被完全消灭,但可以进行有效疏导、有效管理、适度控制。

在调解工作中,进入调解的纠纷当事人一般都带有消极情绪。对当事人消极情绪的调解直接影响着调解的结果。对消极情绪如果不及时疏导，当事人就难以理智地进入调解程序，调解就可能因为情绪失控导致双方当事人不欢而散，调解失败。因此，从开始接触当事人，到纠纷的调解的开展，直至达成协议，调解员对于当事人的情绪都需要给予关注，及时发现当事人情绪的变化，适时疏导。实际上，有时当事人之间所争执的纠纷并非针对有形的财产标的，而是因为某些事件而郁结的消极情绪，及时疏导当事人的情绪，纠纷也就自然化解了。

对于调解员来讲，情绪是当事人心理和生理的反应，是内在感受。但是情绪往往通过当事人的行为、言词、表情以及生理变化表现出来，如喜会是手舞足蹈、怒会是咬牙切齿、忧会是茶饭不思、悲会是痛心疾首等就是情绪在身体动作上的反应。调解员要及时捕捉这些信息，对当事人的消极情绪进行有效疏导。对当事人情绪的疏导一般有五种方法。

（一）宣泄法

“宣泄”一词来自希腊文，意思是“清洁身心”，是早期精神分析学派的心理治疗中的重要方法。是通过病人发泄，使被压抑的情绪得到充分释放，从而使病人的心灵得到净化和解脱。在民事调解工作中，也可以适当借鉴这一理论。有些民事纠纷，一方当事人受到对方当事人在精神上或其他权益方面的侵犯，内心十分不满，深感痛苦和愤怒。在这种情况下，如果当事人的消极情绪得不到宣泄和释放，将影响其接受调解人员调解信息的输入。所以，调解人员在进行民事调解时，可采用情绪宣泄法，使当事人的消极情绪得到宣泄和释放，然后再进行心理疏导和调解。通过当事人感情的发泄，可以避免情感的积聚和沉默之后的大爆发带来不可预测的后果。宣泄的方法有两种：

1. 当事人向调解人员的宣泄

调解人员耐心地倾听当事人倾诉自己所受到的委屈，以及内心的痛苦和不满，然后给予同情和安慰。在当事人的消极情绪得到宣泄的基础上，再进一步做心理疏导工作。例如，全国模范法官宋鱼水在她调解的一起案件中，一方当事人的情绪十分激动，滔滔不绝地讲了四个小时，宋鱼水不去打断他，耐心地倾听，当事人的话讲完了，气也消了，矛盾很快就化解了。

2. 当事人之间的宣泄

在做好双方当事人工作的基础上，双方当事人在调解人员的主持下，由权益受到侵害一方的当事人，直接向对方当事人宣泄自己的情绪。如列举对方的过错，自己所受到的委屈和痛苦等，使其对对方当事人的不满情绪得到释放。当事人之间的宣泄，一般都具有很强的目的性和选择性，因此这种发泄客观上还可以起到影响对方当事人的效果,即当事人可以通过对自己情绪的发泄影响对方当事人的调解立场。因为随着一方当事人感情的表露,对方当事人的感情、态度、立场都必然会受到刺激和影响。在此基础上,调解员抓住时机展开调解,对当事人表示同情并施以安慰,同时指出对方当事人的过错。对方当事人如能当面承认错误并赔礼道歉,纠纷的具体问题就容易得到解决。

例如,在调解家庭内部的一般纠纷中,如夫妻感情尚未破裂的情况下产生的纠纷,婆媳之间因家庭琐事所产生的纠纷等,采用这种方法比较容易奏效。在采用宣泄法时,调解人员要注意调控当事人情绪宣泄的适度性。适度的宣泄使当事人被压抑的消极情绪得到释放,有利于当事人的心理平衡。但不加任何节制地过度宣泄,会导致对对方当事人的恶性刺激,由"有理"转化为"无理",并引起对方当事人对恶性刺激的消极反馈。这不但不利于纠纷的化解,还可能使双方当事人原有的矛盾和纠纷进一步激化、升级。因此,在适用宣泄法时,调解员同时要做好对方当事人的心理疏导工作,要使对方当事人做好倾听、接受对方当事人情绪宣泄的心理准备,并给予良性的心理反馈。这样才有利于促进当事人之间的良性心理互动,从而才有利于矛盾、纠纷的化解。另外,调解员应该始终站在中立的立场上,而非偏向于任何一方。否则,调解程序将很难在这种一边倒的情况下继续下去。

3. 模拟对象进行宣泄

在现实中有时使当事人产生心理问题的对象,无法到场、不愿到场或不能到场,此时可以模拟该对象进行宣泄。模拟对象进行宣泄,往往涉及很专业的心理学知识。由专家引导当事人向模拟的对象进行宣泄,这更倾向于心里矫治。这种方向一般很难由调解员操作,往往需要心理专家的帮助。

(二)冷却法

当事人之间发生矛盾、纠纷时,双方往往都处于不理智状态,情绪冲动,认知狭窄。在调解中,在双方当事人针锋相对,互相遣责,且是非难分时,调解员首先要设法使冲动方的情绪冷却,恢复理智。此时一般应采取将双方当事人暂时隔离的方法,避免其在情绪冲动的情况下,出现相互指责、揭短、谩骂等恶性刺激心理的行为,进而避免因双方的消极情绪强化,导致矛盾、纠纷的升级和复杂化。将双发当事人隔离后再分别做工作,使双方冲动的情绪冷却,待恢复理智以后,再进一步做调解工作。甚至有些纠纷在当事人冷静下来后,即可自行化解。

(三)感化法

在调解实践中,当事人有时由于情绪或者"家丑不外扬"的心态拒绝调解,调解员不要立即结束调解,要耐心做工作。调解人员可以运用自己的真情实感或是行为对当事人施加积极的心理影响,或是引导当事人之间情感的相互沟通。感化法与调解活动具有主动性是相关的,也是调解员常用的调解当事人情绪的方法。调解实践中,很多当事人都是被调解员的行为所感动才参加调解,并最终解决纠纷。感化当事人的目的是通过调解能够为当事人解决问题,但是如果当事人已经决意通过诉讼或其他方法解决纠纷,调解员也不得妨碍。即使最终当事人不愿意调解来解决纠纷,调解员也要对纠纷现场进行安排、稳定双方情绪,使纠纷不再扩大。

(四)震慑法

有的纠纷当事人,情绪失控,行为无度、不计后果。在这一情况下,要利用当事人的趋利避害心理,使当事人感到如果不接受调解人员的劝告,一意孤行,不但解决不了问题,反而给自身带来更为不利的后果。震慑法主要是唤醒当事人的恐惧,使其心理受到震慑,恢复冷静,以平和的方式解决纠纷。需要注意的是,对当事人震慑的有效性,并不在于后果本身的严重性,而在于这种后果对于当事人固有的心理敏感区和自身利益的重要性。如果所提示的不利后果是虚构的,或者夸大其词,或者没有触及当事人的内心,就不具有震慑性。在这种情况下,当事人不仅受不到震慑,还会认为调解员无计可施,只会“吓唬人”。而且可能对调解人员产生逆反的心理,使后继的心理震慑失去效用。

(五)适当肯定法

在调解过程中,适度地运用肯定、赞扬的方法是很必要的。纠纷发生时,本来就会使当事人产生焦虑、怀疑等情绪,或多或少引发当事人对自己的行为方式产生怀疑,非常需要第三者赞同自己的观点,支持自己的主张。对于当事人来讲,调解员作为中立的第三方,其肯定更显得弥足珍贵。对当事人进行适度的肯定或赞扬,有助于使其恢复平静的心态,稳定情绪,可以较为平静地向调解员讲述自己的观点。对当事人进行适度肯定、赞扬,也会使当事人感到他获得了调解员的理解,有同理心,对调解员的调解方案容易形成认同。需要注意的是,对当事人的表扬要实事求是,恰如其分,随意夸大,言过其实就会使当事人怀疑调解员的真诚。

二、修正认识法

当事人的某些错误认识以及当事人之间的认识分歧,是产生复杂调解心理的原因之一。因此,化解矛盾和纠纷,首先应从影响当事人的认识开始。其主要方法有以下几种:

(一)直陈法

直陈法就是在调解纠纷时,调解人员以直截了当地说明调解意见的方式来对当事人施加积极的心理影响。直陈方法的运用，主要针对双方当事人对纠纷的不同认识，根据有关法律和道德规范以及当地的风俗习惯等，调解人员直接而明确地阐明自己对纠纷起因和双方责任的看法，以及对纠纷的调解意见。在调解一些比较简单，双方的是非、责任又比较明显的纠纷时，常采用这种方法。如在买卖关系中由于缺斤少两所引起的纠纷，在服务行业中由于服务态度不好所引起的纠纷，在邻里关系中由于生活琐事所引起的纠纷等，在调解这些纠纷时，一般可采用直陈法。

直陈法的运用，需要注意双方当事人的接受、理解能力，以及调解时的情境因素。

（二）暗示法

暗示是在交往双方无对抗的条件下，通过含蓄、间接的方法，对他人施加影响的过程。民事调解人员在调解纠纷时，根据纠纷的内容、性质、双方当事人的个性特点和心理状态，采用暗示的方法，对当事人施加积极的心理影响，从而使双方的纠纷得到化解。

1. 直接暗示

在调解工作中，调解人员对当事人直接发出语言或行为的暗示，施加积极的心理影响，使其改变错误认识而接受调解意见。如有的当事人对于合理、公正的调解意见拒不接受，调解人员通过讲述与此相类似的民事纠纷的调解处理情况，以及人民法院对此类纠纷的判决情况，以此向其发出暗示：这样的调解处理是公平的，如果不接受调解，起诉到人民法院也是这样的处理结果。

2. 间接暗示

在调解工作中，调解人员向当事人发出比较含蓄、不显露动机的信息刺激，使当事人自己领会调解人员的意图，受到某些启发，从而使纠纷得到化解。

3. 反暗示

在调解工作中，调解人员有时故意采用“正话反说”的反暗示方法，对当事人施加积极的心理影响。暗示方法能否达到对当事人施加积极心理影响的效果，与调解人员自身威望的高低、当事人的心理状态和个性特点密切相关。如果调解人员的威望很高，得到当事人的信任，就可能接受当事人的暗示。同时，还要看调解人员发出的暗示内容是否与当事人的心理状态相吻合，如果相吻合，暗示则容易发生作用。如果当事人属于老于世故、独立性强的性格特点的人，不易接受他人的暗示，则不易采用暗示的方法。

（三）迂回法

“以迂为直”是《孙子兵法》提出的一种战术，在军事上采用这种战术常常可以出奇制胜。在进行民事调解工作中,有时会遇到这样一种人:心理防御机制特别强,或者特别偏执固执,对于调解人员的调解信息"紧闭心扉",或由于归因逆反,予以抵制。对于这种人应避开其防御中心,采用迂回的方法,在其未设防的情况下,使调解信息进入其头脑。比如,让当事人阅读与调解内容有关的资料、书籍,开阔其思路;或者通过旁人的议论,通过某些与当事人关系密切的人传递信息等方式,对其施加影响。

(四)换位法

调解实践中,换位法常常表现为两种形式。

一为调解员与双方当事人之间换位思考。即调解员站在当事人的立场上,身临其境地思考双方的利害关系、感情问题;从而兼顾双方的利益,提出合理的调解方案。

二为双方当事人之间的换位。调解员为了转变当事人的错误认识,常常将双方当事人在现实中所扮演的角色,在假想中进行位置调换,从而使当事人处在对方的立场来认识问题,这就叫角色换位。例如,在调解买卖纠纷时,采用卖方和买方的角色换位,就可以在很大程度上转变双方当事人的认识,促使当事人更加客观地看待眼前的争议,从而比较容易做到相互理解和认同。在调解中,根据当事人心理活动的规律、争议的性质、纠纷内容的具体情形的不同,调解员将调解的原则和各种方法、技巧有机地融合在一起,就形成了特定的心理学策略。

三、外力借助法

调解员在调解纠纷时也要善于利用纠纷当事人的人际关系来协调处理纠纷。因为纠纷的当事人无论意志如何、素质如何、修养如何,其均处在复杂的人际关系之中,生活在现实里,总会受到周围各种力量的影响。调解时要摸清社会关系,找准借力点。

(一)借助亲友的力量

发生纠纷后,除了纠纷当事人,当事人的亲友也经常会介入纠纷,有的亲友甚至成为当事人的"幕后指挥"。在亲友的作用下,有的冲突很快消除,纠纷解决顺利;有的却导致当事人之间对立加剧,出现不达目的誓不罢休的局面。因此在调解时不能就事说事,要注意当事人亲友的作用。对于出于私心怂恿当事人的人,要给予批评教育,并向当事人晓以利害,消除这类人施予当事人的心理影响。对于出于正义感的人,要注意利用当事人对他们比较信任的心理,做一定说服教育工作,使他们明确纠纷应如何处理,配合调解员共同做好当事人的矛盾转化工作。特别是涉及婚嫁家庭纠纷，当事人双方亲朋好友的劝说，往往能起到较好的推动作用。面对至亲挚友，当事人相对更能理智地听取意见，从而和和气气地解决纠纷。

（二）借助社会的力量

除了亲友外，调解还可以借助社会力量。所谓社会力量，一般是指借助当事人的工作单位，当事人居住地的基层组织以及单位的领导，当事人所尊重、信任的人来调解纠纷；面对一些涉及面广、难度较大、情况复杂的纠纷，还可以动员相关部门到场，分别工作，相互配合，对纠纷进行联合调解。借助社会的力量主要是因为，这些人一般对当事人比较熟悉，了解当事人的情况。他们的意见当事人一般也会在心里衡量。通俗地讲，这些人在当事人心目中地位较高，有“面子”，说的话一般比较容易取得当事人的信服。

需要注意的是，在具体运用这种方法时，应当注意要尊重当事人的意志，不能盲目地动员当事人身边所有的社会力量，以免泄露当事人的隐私，不必要地扩大纠纷的社会影响，引起当事人的反感，造成过犹不及的后果。

在动员当事人的亲友以及相关的社会力量帮助调解的时候，应当运用法律和政策启发他们从当事人的利益和社会安定团结的大局出发，自愿提供帮助和支持。运用这种方法的关键之处在于应依照各个纠纷的具体情况灵活地选择亲友和不同种类的社会力量，采取适当方法利用其帮助进行调解。

四、利害分析法

调解实务中，当事人往往是矛盾的两个方面，其自身很难正确看待纠纷，常常是片面关注对自己眼前的利益，而没有关注整体利益以及未来的利益。在这种情况下，调解员可以设身处地地思考当事人所处的境况，在此基础上为其剖析利害，如怠于解决纠纷的后果、调解失败的后果、诉讼解决纠纷的代价、达成和解的好处等，再结合当事人在纠纷中的是非评判，法律、法规及风俗道德，提出解决方案，当事人就比较容易接受。

五、模糊处理法

模糊处理法，就是对矛盾双方进行劝解，对于纠纷中涉及的一些问题不做具体的是非评判，给当事人一个可供领悟、体会、选择的弹性空间。这也是为当事人留有余地，为恢复感情创造机会。这里的模糊并不是调解员对于纠纷或当事人模糊不清、处理纠纷模棱两可的意思，实际上是调解员对纠纷已经进行过深入了解，明晰纠纷的主要过程以及当事人利益关系，在全面衡量的基础上进行的，调解员对于纠纷毫不模糊。

模糊处理是针对某些特定民间纠纷而提出来的。其主要是针对一些涉及当事人双方具有一点感情因素在内的,利害关系冲突较小,没有严重后果的纠纷,如家庭矛盾、邻里纠纷、行业内的矛盾、朋友之间的矛盾、同事之间的矛盾等。这种纠纷其实本身并不是什么大是大非的原则问题,最好是采取大事化小、小事化了的做法,不能上纲上线、小题大做,什么都试图搞出个青红皂白,这样反而容易加深矛盾,使简单的问题人为地复杂化,不利于纠纷的解决。调解员应当根据纠纷的不同情况,有条件地运用模糊调解方法处理,解除其精神负担。这样往往可以淡化或隐去一些无原则纠纷,有利于缓解矛盾,促进安定团结,帮助当事人修复良好的人际关系。

例如,高某于 2005 年买了一头母猪并一直悉心喂养,此猪曾产下很多小猪崽,高某称该猪为其家生活水平的提高做出了很大贡献。2007 年年初,母猪又怀上了小猪崽,但就在此时,怀孕的母猪却在一夜之间丢失,焦急的高家人全家出动四处寻找都没能找到,高某为此还通过村委会向全村播放母猪丢失公告,但始终没有结果。2007 年 3 月的一天,高某偶然发现本村的李某家中圈养的一头母猪和自家丢失的猪长得极为相像,于是高某找李某讨要,李某却说这头母猪是自己家养的。于是,高某随后起诉到一审法院,要求李家归还母猪及所产猪崽。因证据不足,高某一审败诉,随后上诉。二审过程中,高某提出家里有一头丢失的母猪产之前产下的猪崽,以此向法院提出要求对该母猪和自家的猪崽做 DNA 鉴定,据了解,此类鉴定费用约需 3000 元。[①]

对于此种纠纷,如果采用判决方式,需要是非分明,司法鉴定不可避免。但如此一来,一方面,增加了双方当事人之间的诉讼成本。仅鉴定费用即高达 3000 元,远远超过了猪本身的价值。另一方面,即使作出鉴定,是非分明,必定有一方当事人败诉。从长远角度来看不利于败诉一方当事人在本村的生活,甚至会为将来的两家的相处埋下隐患。

六、帮困扶助法

纠纷的产生,有时是因为某种利益关系被破坏或利益格局失去平衡,调解的过程是处理各种社会矛盾的过程,也是协调、平衡各方面利益的过程。调解人员的调解能力,就是有效整合各方面利益要求,协调各方面利益关系的能力。在调解民间纠纷时,调解员不仅要说服教育当事人消除思想上的隔阂,而且要切实帮助解决纠

---

① http://news.sina.com.cn/o/2007-10-14/054112723227s.shtml.

纷所涉及的当事人的实际困难和问题，努力协调和满足当事人之间的利益要求，帮助当事人之间的权利义务关系重新达到平衡，才能达到彻底化解纠纷的目的。比如，很多包工头拖欠农民工工资问题是由于发包方的违约行为所引起的，如果能使发包方依合同履行给付工程款的义务，则问题往往能够迎刃而解。又如，很多家庭因夫妻有一方下岗或失业而不和睦，要从根本上解决这些家庭矛盾，必须帮助这些下岗失业人员提高谋生的技能，如能与居委会协商，由居委会组织这些人员进行再就业培训，使其掌握一技之长，或是由居委会出面成立职业介绍服务中心，不断向有关单位介绍、推荐本辖区的工作能力较强的下岗失业职工，或是想方设法为下岗失业职工提供经营场所，鼓励其自我创业，会收到较好的解纷效果。由此可见，纠纷发生后，调解员要做到重视当事人的意见和要求，重视纠纷所涉及实际问题的解决，可以借助媒体的力量、公益组织的力量、网络的力量、当地知名企业的力量、红十字会等为当事人排忧解难，切实解决实际问题，纠纷则迎刃而解。

七、回访巩固法

在调解员劝解时，受到当时气氛的渲染，当事人可能表态极好，但是事后由于有了前期的隔阂，双方在接触时难免有些尴尬，不知如何沟通；甚至有些当事人只是对纠纷达成了协议，不满或者敌对的情绪并没有消除；有些纠纷达成协议之后存在履行困难等。这样的纠纷处于高危的状态，虽然纠纷调解完成了，但是可能还存在很大的隐患，因此必须要及时回访。指导当事人良性互动，不能“烽烟再起”，要实现纠纷的彻底化解。

在回访时注意可以就纠纷的特点与当事人之间是否存在继续交往的可能等予以区分，一般可分为三个层级。第一层，简单回访。主要是一些双方情绪较好、标的额较小、能够即时履行或者未来双方交际较少的当事人。回访的方式主要是电话回访或者微信、短信回访。回访的重点主要是看当事人对于纠纷的处理的态度，有无其他想法，履行情况等。这种回访主要是看纠纷的处理有无“后遗症”，如果有要及时发现，及时处理。第二层，一般回访。这种回访主要是针对以财物为履行对象，且不能即时履行的纠纷。一般情况下，调解协议是建立在双方自愿的基础上，履行较好。但是也不排除一些当事人在签订协议后又反悔的情况。因此，作为调解员一般在协议签订后还是要督促双方履行，防止事后有变，纠纷再起。第三层，重点回访。重点回访主要是针对涉及情感的纠纷，如邻里纠纷、家庭纠纷等，由于涉及亲情、友情或者邻里关系等。这些纠纷中当事人即便原有纠纷化解，还存在继续交往的情况，可能会因为原有纠纷处理不当、履行不到位、负面情绪没有剔除干净等问题导致新的矛盾的产生。例如,2019 年 6 月 7 日,为争夺孙子的抚养权,陕西一老人捅死前儿媳又被亲家公反杀,两人丧生。主要的原因即为老人儿子因故去世,两个孙子的抚养问题以及赔偿款归属问题。调解后,公公与儿媳达成了协议,但是随后儿媳一方反悔,导致协议并没有得到实际履行,公公被激怒,杀害了儿媳,儿媳的父亲为保护女儿,情急之下杀害了儿媳的公公。① 这起恶劣的民转刑案件,在纠纷发生前已经达成了人民调解协议,后来矛盾的激化与回访不及时、履行不到位有一定关系。因此,纠纷并不止步于达成协议,作为调解机构更应当关注协议达成后双方关系的发展情况。

第四节 调解的结束与履行

一、达成调解协议

(一)确立双方当事人的协议结果

在双方当事人充分评估和思考自己和对方的调解需求后,本着自愿、协商、谅解的态度,达成或者基本达成调解意愿,调解员应当及时将双方当事人的调解意愿落实在纸面上,形成调解协议。调解协议是在调解委员会的主持下,纠纷当事人依照国家的法律、法规、规章、政策和社会主义道德,通过平等协商、互相谅解,对纠纷的解决自愿达成一致意见的意思表示。

1. 调解协议的形式

调解协议一般有两种形式,即口头协议和书面协议。一般情况下,当事人达成共识后均需签订书面协议,以书面的形式确定未来的履行,避免遗留问题,只有当事人认为无须书面调解协议书的,才可以采取口头协议方式,并且要求人民调解员在采取口头协议方式时,应当记录协议内容。对此亦有参照的立法,如《人民调解法》第 28 条规定,"经人民调解委员会调解达成调解协议的,可以制作调解协议书。当事人认为无需制作调解协议书的,可以采取口头协议方式,人民调解员应当记录协议内容"。

2. 调解协议的基本要求

调解协议是调解委员会工作水平和质量的集中体现,制作符合规定要件的人民调解协议是人民调解工作的一项重要内容。合法的调解协议书应当包括:

---

① https://www.sohu.com/a/324001651_168108.

(1)主体合法。即双方当事人具有完全民事行为能力。所谓当事人具有完全民事行为能力,是指当事人具有能够独立实施任何民事法律行为的资格。根据《民法典》的规定,18 周岁以上的自然人为成年人,具有完全民事行为能力,可以独立实施民事法律行为,是完全民事行为能力人。16 周岁以上不满 18 周岁的未成年人,以自己的劳动收入为主要生活来源的,视为完全民事行为能力人。

(2)意思表示真实。即调解协议正确反映当事人的意志,并非因重大误解、欺诈、胁迫或者乘人之危订立的调解协议或者订立调解协议时显失公平的。

(3)内容合法。是双方当事人真实的意思表示,且不违反法律、法规的强制性规定和社会公共利益。

3. 调解协议基本内容

调解协议的主体内容大体相似,以人民调解工作为例,《人民调解工作若干规定》第 35 条中明确规定,调解协议应当载明下列事项:

(1)双方当事人基本情况。包括:双方当事人的姓名、性别、民族、年龄、职业、单位或住址等自然情况。

(2)纠纷简要事实、争议事项及双方责任。即当事人双方产生纠纷的主要原因、过程,所争议的具体事项及内容,以及在该纠纷中双方当事人各自承担什么样的责任。需要说明的是,由于人民调解活动是在双方当事人自愿的基础上进行的,目的在于增进群众之间的团结,消除纷争。因此,在制作调解协议时,应避免使用过于激烈或尖锐的语言,并且使当事人都能够接受。只有这样,才能起到更好地疏导矛盾纠纷,化解纷争的作用。

(3)双方当事人的权利和义务。即通过人民调解委员会的调解,当事人应在互谅互让、平等协商的基础上,达成解决纠纷的一致意见。这是人民调解协议最关键的部分,也是调解活动获得成功的具体体现。因此,在调解协议书中,当事人双方应当享有什么样的权利、承担什么样的义务必须清楚、明确和具体,不能含糊其词、责权不明,以免在实际履行过程中产生争议,影响和削弱调解效果。

(4)履行协议的方式、地点、期限。履行调解协议的具体方式有许多种,具体适用哪一种或几种方式都要在协议中写明。同时,调解协议的履行地点、具体期限要在调解协议中加以明确,避免因方式、地点、期限不明导致协议无法得到实际履行,当事人的权益无法得到及时保护。

(5)当事人签名或盖章、调解主持人签名或盖章,人民调解委员会加盖印章。调解协议书制作完成后,要由双方当事人签名或盖章,表明双方当事人对该协议的认可,是双方真实意思的表示。由调解主持人签名或盖章和人民调解委员会加盖印章表明该调解协议是在人民调解委员会的主持下达成的。调解协议书制作完成后,由纠纷当事人各执一份,人民调解委员会留存一份,以便查阅归档。

(二)促请双方当事人切实履行调解协议

调解协议的履行,是指当事人遵照调解协议,实现双方权利义务的活动。它是调解活动的继续和完成。在调解工作中,大多数当事人能够自觉履行调解协议,即在签署调解协议书后,负有义务的一方当事人(亦称义务人),不需要调解组织的督促和享有权利的一方当事人(亦称权利人)的催促,自觉主动地履行协议中确认应尽的义务事项和具体要求,使协议得以兑现。但是,调解协议主要依赖调解委员会的公信力以及公共道德和社会伦理的约束,促使当事人自觉履行。

但是在实践中,由于调解委员会主持达成的调解协议没有国家强制力,有些当事人签订了协议之后反悔或者不予履行。在调解中,当事人彼此最关心的事情就是对方能否信守协议,履行协议。因此,在调解协调签署后,调解员应当对当事人进行必要的提醒,及时督促当事人尊重调解协议,自觉履行调解协议,调解员应当向双方当事人强调调解协议的合法性。《人民调解法》第31条第1款规定:"经人民调解委员会调解达成的调解协议,具有法律约束力,当事人应当按照约定履行。"第33条第1款规定:"经人民调解委员会调解达成调解协议后,双方当事人认为有必要的,可以自调解协议生效之日起三十日内共同向人民法院申请司法确认,人民法院应当及时对调解协议进行审查,依法确认调解协议的效力。"需要说明的是,对于其他形式的调解,法院调解书本身即同判决书一样具有强制执行力,仲裁调解协议可直接向法院申请强制执行,目前只有行政调解与行业性专业性调解没有明确的效力,但是随着法治的发展,其效力亦会逐渐明确。

调解协议的达成执行了国家的法律、法规、规章、政策和社会主义道德,在内容上体现了当事人的意志,维护了当事人的合法权益。特别是协议的达成是在当事人提高了认识的基础上,出于自觉、自愿的心理,心平气和地进行协商的结果。只有在双方自愿信守、自觉履行协议规定事项之后,具体矛盾纠纷才完全彻底消除,调解才算最后成功。

二、调解不成

并非所有的纠纷经过调解都能够成功,即便对于调解不成的纠纷,当事人往往也通过调解、通过对话释放了一定的情绪,也从不同的视角对纠纷有所了解。但是一旦调解不成,不代表调解工作立即完结,而是可以通过对当事人进行总结与规劝,引导走其他渠道化解纠纷,防止纠纷激化等角度对纠纷进行处置。例如,《人民调解法》第

26 条规定:“人民调解员调解纠纷,调解不成的,应当终止调解,并依据有关法律、法规的规定,告知当事人可以依法通过仲裁、行政、司法等途径维护自己的权利。”

三、调解回访

(一)调解回访的概念

调解回访,指的是调解委员会主持调解达成协议后,应适时派员了解掌握协议履行情况,听取当事人和群众的意见,以巩固调解成果。《人民调解工作若干规定》第 36 条第 2 款规定:“人民调解委员会应当对调解协议的履行情况适时进行回访,并就履行情况做出记录。”目前关于调解回访主要在人民调解工作中,其他调解无后续的回访和追踪的规定,但随着调解制度整体化的构建,回访制度的价值将会在其他调解制度中予以构建。

(二)调解回访的必要性

在纠纷化解的实践中,即便双方当事人签署调解协议,也仅仅表明民间纠纷暂时有了一个结果,而调解协议是否依约履行,民间纠纷是否彻底化解,当事人事后的情绪是否稳定,是否还有不满或者反悔,等等,还有许多不确定的因素存在。从根本上化解矛盾、解决纠纷是调解工作的终极目标,所以从这个意义而言,在调解工作结束后,必须适时地落实案件的回访制度,及时与当事人加强沟通与交流,了解协议的履行情况。

(三)调解回访的要求

要做好回访工作,必须坚持以下几点:

1. 必须坚持实事求是的原则,以对当事人负责的态度,认真进行,讲求实效,不走过场。

2. 回访工作必须及时。人民调解委员会要在调解协议达成后的适当时间内派员进行回访,以便及早发现和解决新出现的情况和问题,减少工作中的失误,以免影响扩大。

3. 回访应当有重点地进行。对那些比较复杂、疑难的纠纷,或者协议的履行有一定难度的纠纷,当事人思想情绪尚不稳定、容易出现反复的纠纷,要列为重点回访的对象,坚持适时回访。

4. 回访必须注意发现问题,加强对当事人的说服教育工作。如当事人思想出现反复,或者有些问题尚未落实的,未能完全履行协议的,调解人员都应当及时发现,针对不同情况及时采取措施加以解决,引导、说服当事人本着互谅互让的原则,自愿达成协议,从而化解矛盾。

第十一章　调解文书的写作与档案管理

第一节　调解文书的写作

一、人民调解文书的写作

（一）人民调解文书概述

人民调解文书，是指在人民调解委员会调解民间纠纷的过程中所形成的，反映纠纷调处的事实、过程和结果，具有一定法律意义和格式要求的书面文字材料。

人民调解文书按照形成的时间顺序，主要有人民调解申请书、人民调解受理登记表、人民调查记录、人民调解记录、人民调解协议书、人民调解口头协议登记表和人民调解回访记录等。

人民调解文书是人民调解工作的真实记录，是有关机关检查人民调解工作质量的依据，也是记载当事人之间纠纷状况不可缺少的重要证据。正确制作人民调解文书，对真实、全面记载人民调解活动，客观反映民间纠纷情况，确定双方当事人的权利义务关系，检验调解工作质量等，有着重要意义。

（二）人民调解申请书

1. 人民调解申请书的内涵

人民调解申请书是当事人向人民调解组织提交的要求调解其纠纷的书面申请。调解申请书既可以由申请人本人填写，也可以由他人代写，由申请人签名后递交人民调解组织。当事人在递交人民调解申请书后，经审查如符合人民调解的受案范围，就会启动人民调解程序。民间纠纷调解的基础是纠纷双方当事人自愿。人民调解申请书，能表明人民调解是在当事人同意、自愿的基础上进行的。通过调解申请书，人民调解组织还可以了解当事人的基本情况以及纠纷的事实情况。另外，调解申请书还是证明当事人及时行使权利，引起诉讼时效中断的有力证据。

《人民调解法》第17条规定：“当事人可以向人民调解委员会申请调解；人民调解委员会也可以主动调解。当事人一方明确拒绝调解的，不得调解。”《人民调解工作若干规定》第23条第1、2款规定:“人民调解委员会根据纠纷当事人的申请,受理调解纠纷;当事人没有申请的,也可以主动调解,但当事人表示异议的除外。当事人申请调解纠纷,可以书面申请,也可以口头申请。”纠纷各方当事人可以根据上述规定,书写人民调解申请书,递交人民调解委员会,或者口头向人民调解委员会提出调解的申请。

2. 人民调解申请书的格式

人民调解申请书

申请人姓名:__________性别:__________民族:__________年龄:__________

职业或职务:____________________联系方式:____________________

单位或住址:____

被申请人姓名:__________性别:__________民族:__________年龄:__________

职业或职务:____________________联系方式:____________________

单位或住址:____

纠纷简要情况:____

当事人申请事项:1. __________________________________

2. __________________________________

3. __________________________________

人民调解委员会已将申请人民调解的相关规定告知我,现自愿申请人民调解委员会进行调解。

申请人(签名盖章或捺指印):__________

________年____月____日

3. 人民调解申请书的制作要求及注意事项

(1)首部

居中写“人民调解申请书”,然后填写申请人与被申请人的基本情况。申请人和被申请人是自然人的,应当依次写明姓名、性别、民族、年龄、职业或职务、单位或住址、联系方式等。如果申请人、被申请人不具备民事行为能力,则应写明法定代理人的基本情况及其与申请人、被申请人的关系。申请人、被申请人是法人及或其他社会组织的,应当详细填写法人或其他社会织的名称、地址、法定代表人姓名及职务、联系方式。如有第三人,也应按此要求写明相关基本情况。申请人、被申请人的基本情况必须清楚、明白、详细,这有助于负责组织调解处理的工作人员同纠纷双方取得联系,送达有关文书或通知,保证调解处理工作的顺利开展。

人民调解申请书既可以由申请人本人填写,也可以由他人代写,或由调解员根据申请人口述内容书写,但必须由申请人本人亲自签名盖章或捺指印。乡镇、街道人民调解委员会调解民间纠纷一般应当使用书面的调解申请书。当事人一方是多人的,可以共同签字递交一份申请书。双方或各方当事人都申请的,应分别填写申请书。双方或各方当事人对纠纷事实主张或陈述不一致的,应当根据各自的主张或陈述,在各自的申请书中写明。

(2)纠纷简要情况

"纠纷简要情况"是指纠纷发生的时间、地点、经过及存在的争议,其内容要突出申请人希望通过人民调解解决的事项。纠纷简要情况的填写应当使用简洁概括的语言,重点突出、不能啰唆。

(3)当事人申请事项

当事人申请事项必须写得简要、合法、具体、明确。涉及财产赔偿的,要注明请求赔偿的数额,切忌含糊、笼统,更不可无视事实和法律提出无理或非法要求。有多个请求的须分项列出。

(4)当事人申请调解的承诺

申请人均要将"人民调解委员会已将申请人民调解的相关规定告知我,现自愿申请人民调解委员会进行调解"这句话引用到申请书中去,一是表明调解是当事人自愿申请的;二是表明人民调解组织履行了告知义务。

(5)尾部

申请人是自然人的,需本人亲自签名盖章或捺指印,同时注明申请日期;申请人为法人或其他组织的,应加盖单位公章,并由法定代表人签名,同时注明申请日期。

(三)人民调解受理登记表

1. 人民调解受理登记表的内涵

人民调解受理登记表是人民调解组织受理调解民间纠纷,或者主动调解纠纷的简要记载。该表可以反映出纠纷的简要情况以及该纠纷的来源途径。人民调解委员会主动调解的,不制作书面调解协议的简易民间纠纷,填写"人民调解受理登记表"后,不必再制作其他文书。《人民调解工作若干规定》第 20 条规定:"人民调解委员会调解的民间纠纷，包括发生在公民与公民之间、公民与法人和其他社会组织之间涉及民事权利义务争议的各种纠纷。”第23条第3款规定：“受理调解纠纷，应当进行登记。”第24条第1款规定：“当事人申请调解纠纷，符合条件的，人民调解委员会应当及时受理调解。”人民调解委员会可以根据上述规定主动调解或受理调解相关纠纷并制作人民调解受理登记表。

2. 人民调解受理登记表的格式

人民调解受理登记表

________年____月____日，人民调解委员会依当事人申请（人民调解委员会主动调解、接受委托或移交调解），经当事人同意，调解__________、__________之间的纠纷。

纠纷类型：____

案件来源：①当事人申请；②人民调解委员会主动调解；③接受委托或移交调解

纠纷简要情况：____

____

____

____

____

____

____

____

当事人（签名）：________________

登记人（签名）：________________

________人民调解委员会

________年____月____日

备注：此表由人民调解委员会填写。

3. 人民调解受理登记表的制作要求及注意事项

该表由人民调解委员会填写。

(1)首部

标题:居中写“人民调解受理登记表”。

(2)开头部分主要是对所受理调解案件的一个简要的说明。

(3)纠纷类型

介绍纠纷属于哪种类型,如合同纠纷、财产纠纷、人身赔偿纠纷等。可在参照最高人民法院《民事案件案由规定》的基础上填写纠纷类型。

(4)案件来源

该部分主要介绍案件的由来,《人民调解工作规范》中规定有“依申请受理”“主动受理”“移送委托受理”三种受理方式,表明是由当事人申请的,或者是人民调解委员会主动调解的,或者是接受委托或移交调解的。可直接选择在序号上打“√”。

(5)纠纷简要情况

该部分主要是对所调解案件的一个简要概括,包括纠纷发生的时间、地点、具体当事人及纠纷经过。在叙述的时候要简练、精要,抓住纠纷的关键点。

(6)尾部

人民调解受理登记表由各方当事人和登记人签名,并由所属调解委员会署名,注明年月日。

(四)人民调解调查记录

1. 人民调解调查记录的内涵

人民调解调查记录是人民调解组织在受理调解后,向有关人员访问了解纠纷情况时所做的文字记录。既可以是调解前向纠纷当事人了解核实有关情况,也可以是向了解、目睹或知晓纠纷情况的其他人或单位了解情况,或者向有关政策解释单位了解咨询等。调查记录是调解人员调解民间纠纷收集证据的重要手段和证明,是调解人员了解纠纷事实、研究分析纠纷并提出调解意见的依据。

《人民调解工作若干规定》第26条规定:“人民调解委员会调解纠纷,应当分别向双方当事人询问纠纷的事实和情节,了解双方的要求及其理由,根据需要向有关方面调查核实,做好调解前的准备工作。”《全国人民调解工作规范》关于调查核实的规定如下:“人民调解员应分别向双方当事人询问纠纷的有关情况,了解双方的具体要求和理由,根据需要询问纠纷知情人,向有关方面调查核实;人民调解员应对调查的情况进行记录,填写符合附录C.3格式要求的《人民调解调查记录》。”人民调解委员会可以根据上述规定和要求制作调解记录,载明相关事项。

2. 人民调解调查记录的格式

人民调解调查记录

时　　间：________________

地　　点：________________

参 加 人：________________

被调查人：________________

记　　录：________________

____

____

____

____

____

____

____

调 查 人（签名）：________________

被调查人（签名）：________________

记 录 人（签名）：________________

3. 人民调解调查记录的制作要求及注意事项

（1）首部

标题：居中写“人民调解调查记录”。

（2）时间、地点、参加人、被调查人

时间、地点为调解人员调查案件的时间、地点。要按实际情况填写，写全年、月、日，如有必要可以写明具体时、分。

“参加人”是指调查时在场的其他人员，不包括调查人、被调查人和记录人。

“被调查人”栏应填写被调查人的姓名、性别、年龄等，并注明与当事人的关系。

（3）调查记录

该部分是整个文书的核心部分。采用问答式记载，在调查记录的开头一般应记载调查人向被调查人介绍自己的身份和意图的情况。对于谈话内容,尽量记录原话、原意,特别要详细记录纠纷的关键情节。记录完成后,应将记录交由被调查人校阅或向被调查人宣读。如果被调查人要求对调查记录进行补正的,应当场进行补正,并由被调查人在补正处捺指印。

(4)尾部

由调查人、被调查人、记录人分别在签名处签名。

制作人民调解调查记录需要注意以下事项:

(1)记录完毕,应当场交由被调查人校阅或向被调查人宣读。

(2)对被调查人讲述的纠纷情况中一些模糊的言辞,如"大概……""可能……""好像……"应及时引导,问明记清,这部分内容在由被调查人校阅或向被调查人宣读时要着重强调由被调查人确认清楚。

(3)调查记录一页不够用的,可接用笔录纸副页。要在每页注明页码并在最后一页注明本调查笔录共几页,被调查人应在每页签名并捺指印。

(4)因调查的次数可能不止一次,调查笔录的数量可能有多份。如果对同一个被调查人形成的笔录中有前后矛盾的,应由被调查人明确以哪份记录为准。

(5)在调查中,有被调查人不愿意签名的,应在调查记录最后写明情况。

(五)人民调解记录

1. 人民调解记录的内涵

调解记录是人民调解组织在掌握纠纷事实的基础上,依据国家法律、法规、规章和政策,对当事人进行说明教育,疏导规劝,促使当事人达成协议过程的文字记录。调解记录是证明人民调解组织在调解过程中坚持公正、依法、自愿调解原则的重要证明材料,对督促和规范人民调解工作有重要意义。

《人民调解法》第27条规定:"人民调解员应当记录调解情况。人民调解委员会应当建立调解工作档案,将调解登记、调解工作记录、调解协议书等材料立卷归档。"《全国人民调解工作规范》中有如下规定:人民调解员应记录调解情况,填写符合附录C.4格式要求的《人民调解记录》,并一般自受理之日起30日内完成调解。据此,人民调解委员会在调解过程中应当依法制作调解记录并将调解记录立案归档。不制作调解记录是违反法律规定的行为,也不利于调解工作的顺利开展,更不利于对调解工作进行监督。

2. 人民调解记录的格式

人民调解记录

时　间:______________________

地　点:______________________

当事人:______________________

参加人:______________________

人民调解委员会已将人民调解的相关规定告知各方当事人。

调解记录:____

____

____

____

____

____

____

____

____

调解结果:

1. 调解成功; 2. 调解不成; 3. 有待继续调解

当事人(签名盖章或捺指印):______________

当事人(签名盖章或捺指印):______________

人　民　调　解　员(签名):______________

记　　　录　　　人(签名):______________

______年____月____日

3. 人民调解记录的制作要求及注意事项

(1)首部

标题:居中写“人民调解记录”。

(2)时间、地点、当事人、参加人

时间、地点为调解案件的时间、地点。时间填至年、月、日。地点填写调解的实际地点。“当事人”栏列明到场的全部当事人,即发生纠纷的各方主体。“参加人”是指接受人民调解组织邀请、协助开展调解工作的人员。填写调解时在场的除人民调解员、当事人、记录人之外的其他人员。

(3)告知说明

人民调解组织开展调解前的开场白中应当履行相关告知义务。告知内容包括人民调解的原则、当事人在调解活动中享有的权利和承担的义务以及调解达成协议的效力等事项。一般固定格式写为:人民调解委员会已将人民调解的相关规定告知各方当事人。

(4)调解记录

该部分是整个文书的核心部分。内容为调解员对当事人进行明法析理、说服疏导,帮助当事人达成协议过程的文字记录。一般采用对话或问答形式。记录一定要实事求是,客观真实,同时还要注意抓住重点、做到整洁、简练。要注意记录当事人分歧焦点、各自的诉求及理由,调解员采取的调解措施、调解手段,达成协议的主要内容或未达成协议的主要原因。

(5)调解结果

调解结果即为对案件的处理结果。一般存在调解成功、调解不成、有待继续调解三种情形。在制作记录时,可在对应项直接打“√”。

(6)尾部

调解记录经当事人校阅或向当事人宣读后,由当事人、参加人、调解员、记录人签名。当事人为自然人的,签名后要捺指印;当事人为法人或其他组织的,法定代表人签名后要加盖单位公章。

(六)人民调解协议书

1. 人民调解协议书的内涵

人民调解协议是纠纷当事人依照国家的法律、法规、规章、政策和社会主义道德,在查清事实、分清责任的基础上,在人民调解委员会的主持下,通过平等协商、互相谅解,对纠纷的解决自愿达成的一致意见的意思表示。人民调解协议有口头协议和书面协议两种方式。书面协议即表现为人民调解协议书。人民调解协议书是人民调解委员会调解民间纠纷,双方当事人达成调解协议的书面证明。当事人认为无须制作调解协议书,可采取口头协议形式,由人民调解员填写符合《全国人民调解工作规范》附录 C.6 格式要求的《人民调解口头协议登记表》。人民调解协议书是人民调解协议的书面表现形式。

《人民调解法》第28条规定,经人民调解委员会调解达成调解协议的,可以制作调解协议书。当事人认为无须制作调解协议书的,可以采取口头协议方式,人民调解员应当记录协议内容。第29条规定,调解协议书可以载明:(一)当事人的基本情况;(二)纠纷的主要事实、争议事项以及各方当事人的责任;(三)当事人达成调解协议的内容,履行的方式、期限。调解协议书自各方当事人签名、盖章或者按指印,人民调解员签名并加盖人民调解委员会印章之日起生效。调解协议书由当事人各执一份,人民调解委员会留存一份。上述法律条文对人民调解协议的制作和调解协议的内容作出了明确规定,人民调解委员会应当根据上述法律要求制作调解协议。

2. 人民调解协议书的格式

人民调解协议书

编号:__________

当事人姓名:__________性别:__________民族:__________年龄:__________

职业或职务:______________________联系方式:______________________

单位或住址:____

当事人姓名:__________性别:__________民族:__________年龄:__________

职业或职务:______________________联系方式:______________________

单位或住址:____

纠纷主要事实、争议事项:____

____

____

____

经调解,自愿达成如下协议:____

____

履行方式、时限:____

本协议一式____份,当事人、人民调解委员会各持一份。

当事人(签名盖章或捺指印):__________　人民调解员(签名):__________
当事人(签名盖章或捺指印):__________　记录人(签名):__________

(人民调解委员会印章)
________年____月____日

备注:此表由人民调解委员会填写。

人民调解口头协议登记表

编号:__________

当事人姓名:__________性别:__________民族:__________年龄:__________
职业或职务:______________________联系方式:______________________
单位或住址:____
当事人姓名:__________性别:__________民族:__________年龄:__________
职业或职务:______________________联系方式:______________________
单位或住址:____
纠纷主要事实、争议事项:____________________________________
____
____
经调解,自愿达成如下协议:__________________________________
____
履行方式、时限:______________________
人民调解员(签名):____________________

(人民调解委员会印章)
________年____月____日

备注:此表由人民调解委员会填写。

3. 人民调解协议书、人民调解口头协议登记表的制作要求及注意事项

(1)首部

标题:写“人民调解协议书”或“人民调解口头协议登记表”。“编号”按照有关规定或者各人民调解委员会自定的办法填写。

(2)当事人情况

当事人为自然人的,应当填写当事人的姓名、性别、民族、年龄、职业或职务、单位或住址、联系方式等;当事人为法人或社会组织的,应当填写法定代表人的姓名、性别、民族、年龄、联系方式、职务,“单位或住址”栏填写法人或社会组织的住所地址。

(3)纠纷主要事实、争议事项

即当事人双方产生纠纷的主要原因、过程,所争议的具体事项、内容以及在该纠纷中各方当事人各自应承担的责任。

(4)所达成协议的内容

要载明各方当事人应当享有的权利、承担的义务,协议内容应条理清楚,语言表述应具体、明确、清楚,不能含糊其词、责权不明。当事人各方自愿达成的协议,不得损害国家、集体或者社会公共利益;不得恶意串通,损害他人合法权益;不得违反法律和行政法规的强制性规定;不得违背公序良俗。

(5)履行方式、时限

履行方式、时限要明确、无歧义,履行期限最好能精确到日,避免因履行方式、期限不明导致协议无法得到实际履行,当事人的权益无法得到及时保护。

(6)协议书数量

一般写为:本协议一式____份,当事人、人民调解委员会各持一份。

如为双方当事人的,写为:本协议一式三份,当事人、人民调解委员会各持一份。如为三方当事人的,写为:本协议一式四份,当事人、人民调解委员会各持一份。

(7)尾部

人民调解协议书必须由纠纷各方当事人签名或盖章,人民调解员签名,加盖人民调解委员会印章,并明确填写日期。其中,当事人为自然人的,签名后要捺指印;当事人为法人或其他组织的,要加盖单位公章。

(七)人民调解回访记录

1. 人民调解回访记录的内涵

人民调解回访记录是人民调解组织对达成调解协议的纠纷当事人适时进行回访,了解协议履行情况及其他有关情况的记录。人民调解回访记录包括当事人对

调解工作的意见、要求、协议的履行情况等。回访是人民调解工作中必不可少的重要环节，其对于调解协议达成后，及时解决新问题，全面履行调解协议具有重要意义。

《人民调解工作若干规定》第 36 条第 1 款规定："当事人应当自觉履行调解协议。"第 2 款规定："人民调解委员会应当对调解协议的履行情况适时进行回访，并就履行情况做出记录。"《全国人民调解工作规范》规定："人民调解委员会应对人民调解协议的履行情况适时进行回访，并填写符合附录 C.7 格式要求的《人民调解回访记录》。"可见，回访是一项必要的工作，也是调解员的法律义务，调解员应当及时回访并且要认真记录。

2. 人民调解回访记录的格式

人民调解回访记录

当 事 人：________________________________

调解协议编号：____________________________

回访事由：________________________________

回访时间：________________________________

回访情况：____

____

____

____

回访人（签名）：____________________________

________人民调解委员会

________年____月____日

3. 人民调解回访记录的制作要求及注意事项

(1)首部

标题:居中写"人民调解回访记录"。

(2)当事人情况

按表格要求填写被回访的当事人的简要情况。

(3)调解协议编号

填写回访所涉纠纷调解协议书的编号。

(4)回访事由

回访事由指对哪一起纠纷进行回访,写纠纷的名称即可。

(5)回访时间

即作出回访工作的时间,可具体到时、分。

(6)回访情况

回访情况可包括当事人对调解工作是否满意、有哪些需要改进之处,协议的履行情况,协议是否申请司法确认,协议履行发生争议向人民法院起诉及人民法院的裁判结果,有无错误调解及激化迹象及采取的措施等。记录应简练、客观、真实。开头可以记录采用的回访形式,比如通过电话回访、实地回访、委托机构回访、信件回访等。

(7)尾部

"回访人"栏由进行回访工作的人民调解员签名,并标明人民调解委员会名称及记录日期。

二、民事调解书的制作

(一)民事调解书的内涵

民事调解书,是人民法院在审理民事案件和经济纠纷案件时依法进行调解,根据当事人达成的协议而制作的具有法律效力的文书。

我国《民事诉讼法》第9条规定:"人民法院审理民事案件,应当根据自愿和合法的原则进行调解;……"第96条规定:"人民法院审理民事案件,根据当事人自愿的原则,在事实清楚的基础上,分清是非,进行调解。"第99条规定:"调解达成协议,必须双方自愿,不得强迫。调解协议的内容不得违反法律规定。"第100条规定:"调解达成协议,人民法院应当制作调解书。调解书应当写明诉讼请求、案件的事实和调解结果。调解书由审判人员、书记员署名,加盖人民法院印章,送达双方当事人。调解书经双方当事人签收后,即具有法律效力。"

由于人民法院的调解贯穿于民事诉讼的各个阶段，不仅开庭审理前可进行调解，判决前也可进行调解，不仅第一审程序可以调解，第二审程序和审判监督程序也可进行调解，所以从程序上分类，民事调解书可分为第一审民事调解书、第二审民事调解书和再审民事调解书三类。

（二）民事调解书的格式

民事调解书的格式与民事判决书基本相同，由首部、正文、尾部三部分组成。又细分为标题、编号、当事人、案由、事实、理由、协议、落款、日期、书记员等部分。

以第一审民事调解书为例。

××××人民法院
民事调解书

（××××）……民初……号

原告：×××，……

法定代理人/指定代理人/法定代表人/主要负责人：×××，……

委托诉讼代理人：×××，……

被告：×××，……

法定代理人/指定代理人/法定代表人/主要负责人：×××，……

委托诉讼代理人：×××，……

第三人：×××，……

法定代理人/指定代理人/法定代表人/主要负责人：×××，……

委托诉讼代理人：×××，……

（以上写明当事人和其他诉讼参加人的姓名或者名称等基本信息。）

原告×××与被告×××、第三人×××……（写明案由）一案，本院于××××年××月××日立案后，依法适用普通程序，公开/因涉及……（写明不公开开庭的理由）不公开开庭进行了审理（开庭前调解的，不写开庭情况）。

……（写明当事人的诉讼请求、事实和理由）。

本案审理过程中，经本院主持调解，当事人自愿达成如下协议/当事人自行和解达成如下协议，请求人民法院确认/经本院委托……（写明受委托单位）主持调解，当事人自愿达成如下协议：

一、……

二、……

（分项写明调解协议内容）

上述协议，不违反法律规定，本院予以确认。

案件受理费……元，由……负担（写明当事人姓名或者名称、负担金额。调解协议包含诉讼费用负担的，则不写）。

本调解书经各方当事人签收后，即具有法律效力/本调解协议经各方当事人在笔录上签名或者盖章，本院予以确认后即具有法律效力（各方当事人同意在调解协议上签名或者盖章后发生法律效力的）。

审　判　长　×××
审　判　员　×××
审　判　员　×××

××××年××月××日
（院印）
书　记　员　×××

【说明】

1. 本样式根据《中华人民共和国民事诉讼法》第53条、第98条、第99条、第100条、第101条制定，供人民法院在适用第一审普通程序审理案件过程中，当事人自行和解达成协议请求人民法院确认、人民法院主持调解达成协议、人民法院委托有关单位主持调解达成协议由人民法院确认后，制作民事调解书用。

2. 案号类型代字为"民初"。

3. 调解书应当写明诉讼请求、案件事实和调解结果。

4. 调解协议的内容不得违反法律规定。

5. 诉讼请求和案件事实部分的写法力求简洁、概括，可以不写审理过程及证据情况。

（三）民事调解书的制作要求及注意事项

1. 首部

（1）标题：标题分两行写明法院名称和文种。

(2)编号:写在标题右下方的位置。写明:"[年度]×民×字第××号。"

(3)当事人情况:

一审的调解书,应按顺序分别写明原告、被告、第三人的自然情况。

二审的调解书按上诉人、被上诉人、第三人的顺序写。

再审的调解书按原审原告、原审被告、原审第三人的顺序写。具体写法与一审、二审、再审判决书相同,可分别参照。

(4)案由:即写明案件的性质。如"婚姻纠纷或购销合同纠纷或损害赔偿"等。

2. 正文

一是事实部分。

一审民事调解书的事实部分,应简要写明原告的诉讼请求和理由,被告的答辩和理由及法院认定的事实和理由。一般先写法院查证的事实和理由,后写当事人的意见和理由。如果案情简单,理由可不写,或者与事实写在一个自然段中。

二审或再审民事调解书的事实部分,在其之前还应写上诉人提起上诉的情况和再审的提起情况。二审的民事调解书应写明当事人争议的主要事实;原判决的主要内容;上诉人的上诉请求和理由;被上诉人的答辩内容;二审人民法院查证的主要事实。在写作中,首先写二审人民法院查证的事实;其次写上诉人的上诉请求和理由;最后写被上诉人的答辩。除二审法院查证的事实外均可以简明扼要地叙述,不必像判决书那样写得过细。

再审民事调解书的事实部分,简要写明当事人的请求和再审人民法院查证的事实即可。

二是调解达成协议部分。

协议内容是指在当事人自愿、合法的原则下达成的解决纠纷的一致意见,它是调解书的核心内容。在事实写完之后,应另起一段,首先以程式用语为领起句,表述为"本案审理过程中,经本院主持调解,当事人自愿达成如下协议/当事人自行和解达成如下协议,请求人民法院确认/经本院委托……(写明受委托单位)主持调解,当事人自愿达成如下协议:"而后,用分项式写明协议的具体内容,如果有的协议内容已经执行,应当以括号加以注明。

3. 尾部

首先,写明法院对协议内容予以确认的态度:"上述协议,不违反法律规定,本院予以确认。"其次,写明诉讼费用的负担,调解协议包含诉讼费用负担的,则不写。再次,写明调解书的效力:"本调解书经各方当事人签收后,即具有法律效力/本调解协议经各方当事人在笔录上签名或者盖章,本院予以确认后即具有法律效力(各方当事人同意在调解协议上签名或者盖章后发生法律效力的)。”最后,由合议庭人员署名,注明制作日期,加盖院印,书记员署名。

法院调解书制作的注意事项:

1. 调解书中的协议内容要合法、明确和具体,便于执行。要严格掌握不制作调解书的民事协议内容,对于不需要制作调解书的协议,应当记入笔录,由双方当事人、审判人员、书记员署名或者盖章。

2. 调解书中的协议的语言表述要准确、精练,不得发生歧义,不能使用强制性语言。

3. 二审民事调解书的协议内容中不能写“撤销原判”的字样,调解书也无须写撤销原判决,因为民事诉讼法规定,二审和再审调解书送达后,即视为原判决撤销。

三、行政调解协议书的制作

(一)行政调解协议书的内涵

行政调解协议是行政机关根据当事人的申请或者依职权,对与其履行行政管理职责相关的民事纠纷,或对其作出的行政行为所引起的行政纠纷,依法进行调解,各方达成一致意见后所制作的记载各方权利义务的文书。行政调解协议是在行政机关的居中调处之下,帮助纠纷当事人自愿签订的,是解决民事纠纷或行政纠纷的一种方式。

(二)制作行政调解协议的依据

从目前的立法和实践来看,我国设定行政调解的立法文件种类形式繁多,涉及大量的法律、行政法规、行政规章、地方性法规、地方规章,另有大量一般规范性文件。各种立法文件对行政调解及行政调解协议的规定非常不统一,特别是缺乏有关行政调解协议的具体规定,导致行政调解机关在起草行政调解协议书时没有可参考的统一文书格式。

有些省市为了规范行政机关的行政调解、制定并施行的地方行政调解办法或规定,对行政调解协议书应包括的主要内容作出了规定。比如,《北京市行政调解办法》第20条第1款规定:“经调解达成协议的,行政机关应当制作调解协议书,调解协议书应当由当事人签名、盖章,加盖行政机关印章,当事人各执一份,行政机关留存一份;当事人认为无需制作调解协议书的,可以采取口头协议方式,行政调解人员应当记录协议内容,双方当事人签名、盖章。”第21条规定:“调解协议书应当载明下列事项:(一)当事人的基本情况;(二)调解请求;(三)调解协议内容;(四)其他需要载明的事项。”第22条规定:“调解协议书自当事人签名、盖章,行政机关加盖印章之日起生效；口头协议自当事人达成协议之日起生效。”《浙江省行政调解办法》第21条规定：“行政调解达成调解协议的，应当根据争议性质制作行政调解书（民事纠纷/行政争议）。行政调解书应当载明当事人情况、基本事实、争议焦点、协议内容和履行方式、履行期限、救济方式等事项，由各方当事人、调解主持人签名或者盖章，并加盖行政调解机关印章。行政调解书由各方当事人各执1份，行政调解机关或者具体组织调解机构留存1份。”第22条规定：“调解协议即时履行、当事人自行和解，或者当事人认为没有必要的，可以不制作行政调解书，由当事人、调解主持人在调解笔录上注明并签名或者盖章确认。”《江苏省行政调解办法》第29条规定：“经调解达成协议的，行政调解机关应当制作行政调解协议书。适用简易程序调解、当事人自行和解、调解协议能够即时履行或者当事人认为无需制作调解协议书的，可以不制作行政调解协议书，由行政调解员将协议内容等调解情况记录在案，并经当事人签名或者盖章确认。”第30条规定：“行政调解协议书应当载明下列事项：（一）当事人及委托代理人的基本情况；（二）争议事项；（三）调解协议内容、履行的方式和期限；（四）其他约定事项。”第31条规定：“行政调解协议书自各方当事人签名或者盖章，行政调解员签名并加盖行政调解机关印章之日起生效。符合本办法第二十九条第二款规定的，自当事人达成协议之日起生效。当事人另有约定除外。行政调解协议书由当事人各执1份，行政调解机关留存1份。”

（三）行政调解协议的内容

根据前述法律、法规、规章的有关规定，行政调解协议书一般应包括：

1. 行政调解协议书的名称、编号；

2. 当事人、第三人及委托代理人的基本情况；

3. 基本事实；

4. 争议事项与调解请求；

5. 调解协议的内容、履行的方式和期限；

6. 救济方式；

7. 当事人、第三人及委托代理人的署名并捺指印、调解人员及记录人员的署名、生效方式及日期、加盖行政调解机关的印章等。

当事人认为无须制作调解协议书的，可以采取口头协议方式，行政调解人员应当记录协议内容，由双方当事人签名、捺指印或盖章。另因调解需要，行政调解机关可以组织专业调解员或者邀请人大代表、政协委员、人民调解员、行政执法监督员以及行政争议发生地群众代表作为特邀调解员参加调解。所以本书认为，参加行政调解的其他人员也应在行政调解书上署名。

（四）行政调解协议的格式（以治安案件调解协议为例）

<table>
<tr><td colspan="7">治安案件调解协议书
（此处加盖办案单位印章）</td></tr>
<tr><td colspan="2">案 由</td><td colspan="2"></td><td>办案单位</td><td colspan="2"></td></tr>
<tr><td rowspan="6">当事人基本情况</td><td>姓名</td><td></td><td>性别</td><td></td><td>出生日期</td><td></td></tr>
<tr><td>现住址</td><td colspan="5"></td></tr>
<tr><td>工作单位</td><td colspan="5"></td></tr>
<tr><td>姓名</td><td></td><td>性别</td><td></td><td>出生日期</td><td></td></tr>
<tr><td>现住址</td><td colspan="5"></td></tr>
<tr><td>工作单位</td><td colspan="5"></td></tr>
<tr><td>违法事实及证据</td><td colspan="6"></td></tr>
<tr><td>受损害情况</td><td colspan="6">合计（人民币）：</td></tr>
<tr><td>协议内容</td><td colspan="6">根据《中华人民共和国治安管理处罚法》第九条规定，当事人自愿协商，达成协议如下：

（公安机关印章）
二〇　　年　　月　　日

当事人：　　　　　　办案人：</td></tr>
</table>

第二节　调解法律文书的卷宗归档

一、人民调解法律文书卷宗归档的内涵

人民调解工作档案,是调解人员在调解活动中形成并归档的具有备考利用价值的文字、图表、声像等不同形式或者载体的文件材料,是人民调解工作的真实记录。人民调解工作应当重视和加强档案管理工作,建立健全有关调解文件材料的收集整理、立卷归档、保管利用等各项规章制度,并自觉接受司法行政机关和档案管理部门的监督和指导。《人民调解法》第27条规定:"人民调解员应当记录调解情况。人民调解委员会应当建立调解工作档案,将调解登记、调解工作记录、调解协议书等材料立卷归档。"人民调解委员会应当根据法律的规定,按照《全国人民调解工作规范》的样式和要求,在调解结案后及时将案卷材料归档保存。

(一)人民调解的卷宗归档要求

1. 人民调解卷宗归档

根据《全国人民调解工作规范》关于调解卷宗部分的规定,人民调解委员会在矛盾纠纷调处结束后,一般应按照司发通〔2010〕239号要求制作调解卷宗,做到一案一卷。具备条件的,可制作电子卷宗。调解卷宗包括但不限于以下内容:

(1)卷宗封面,符合附录E.1格式要求。

(2)卷内目录,符合附录E.2格式要求。

(3)人民调解申请书,符合附录C.1格式要求。

(4)人民调解受理登记表,符合附录C.2格式要求。

(5)人民调解调查记录,符合附录C.3格式要求。

(6)证据材料。

(7)人民调解记录,符合附录C.4格式要求。

(8)符合附录C.5格式要求的人民调解协议书,或者符合附录C.6格式要求的人民调解口头协议登记表。

(9)人民调解回访记录,符合附录C.7格式要求。

(10)司法确认有关材料。达成协议后,双方当事人向人民法院申请司法确认的,应当将司法确认的有关材料放入调解卷宗。

(11)卷宗情况说明,符合附录E.3格式要求。

(12)卷宗封底,符合附录E.4格式要求。

实践中,许多地方调解档案工作做得井井有条,人民调解纠纷的业务材料归档不仅能够做到一案一卷,而且排列顺序按照调解进程和材料形成的先后顺序编排。

2. 人民调解口头协议卷宗归档

对于简单的纠纷,在当事人同意的情况下可以达成口头调解协议。口头协议适用于即时结清案件。《全国人民调解工作规范》规定,"人民调解委员会调解民间纠纷达成口头调解协议,除了符合附录 C.6 格式要求的《人民调解口头协议登记表》外无其他材料的,可一案一表,也可多案一卷,定期集中组卷归档"。

3. 调解卷宗保管期限

根据《全国人民调解工作规范》的规定,调解卷宗的保管期限分为短期、长期和永久三种,短期保管期限应为 5 年,长期保管期限应为 10 年。

(二)人民调解卷宗文书使用说明

1. 调解卷宗

"调解卷宗"是人民调解委员会调解纠纷所涉所有文书立卷归档的总称。作为卷宗的封面。其中"卷名"栏目填写纠纷当事人姓名 + 纠纷类型,如"××与××之间合同纠纷"。纠纷类型同"人民调解员调解案件登记单"中的"纠纷类型"栏。"卷号"按有关规定或者各人民调解委员会自定的办法填写。保管期限分为短期、长期和永久三种,短期卷保管期限为 5 年,长期卷保管期限为 10 年。人民调解委员会应根据纠纷类型、协议内容和当事人实际情况等综合确定卷宗保管期限。

人民调解委员会调解纠纷,一般应当制作调解卷宗,一案一卷。对于纠纷调解过程简单或者达成口头调解协议的,也可多案一卷,定期集中组卷归档。

2. 卷内目录

卷内目录是人民调解委员会对一起纠纷立卷归档时卷内所涉及全部文件的目录,供查阅卷宗时检索使用。

3. 人民调解申请书

4. 人民调解受理登记表

5. 人民调解调查记录

6. 人民调解记录

7. 人民调解协议书

8. 人民调解口头协议登记表

9. 人民调解回访记录

第 3 - 9 项卷宗材料的内涵和写作要求已经在前文详细介绍,此处不再赘述。

10. 卷宗情况说明

对案件卷宗制作情况进行的必要说明。

11. 封底

封底是卷宗的末页。封底由立卷人、审核人共同签名。

(三)人民调解卷宗归档样式(见附录1)

二、法院调解(民事诉讼案件)文书卷宗归档

(一)人民法院诉讼文书卷宗归档的一般要求

法院调解是人民法院重要的诉讼活动,法院调解文书立卷归档要求与法院审判案件文书立卷归档要求基本相同。根据《人民法院诉讼档案管理办法》《人民法院诉讼文书材料立卷规范》的规定,人民法院的诉讼文书材料,根据刑事、民事、行政、赔偿、执行等案件类别,按照年度、审级、一案一号的原则,单独立卷。入卷的诉讼文书材料,一般只保留一份。判决书、裁定书、调解书正本应当保留三份,装入卷底证物袋内备用。入卷诉讼文书材料应当保留原件,未能提供原件的可保存一份复制件,摘录、复制的材料应当注明来源、名称、日期并写明经办人姓名,入卷备查。《人民法院诉讼文书材料立卷规范》第6条规定:"诉讼文书按照保密、方便利用的原则分立正卷和副卷。无不宜对外公开材料的,可以不立副卷。"第7条规定:"诉讼文书正卷、副卷材料按照诉讼程序和文书材料形成时间,兼顾文书之间的有机联系进行排列。"

(二)人民法院调解(民事案件诉讼)文书卷宗归档内容

人民法院调解书属于民事诉讼案件的法律文书,其卷宗归档应当根据民事案件诉讼文书卷宗归档的要求办理。民事案件分为按照一般程序审理的案件和按照简易程序审理的案件,两类案件诉讼文书的卷宗归档稍有区别:

民事一审普通程序案件正卷材料及装订顺序为:

(1)卷宗封面;(2)卷内目录;(3)审判流程信息管理表(卡片);(4)审理运行时间表;(5)起诉书或口头起诉笔录;(6)立案通知书(诉讼风险提示书、举证通知书)及送达回证;(7)缴纳诉讼费用或减、缓、免手续;(8)应诉通知书(举证通知书)及送达回证;(9)答辩状及附件;(10)原、被告诉讼代理人、法定代表人委托授权书、鉴定委托书及法定代表人身份证明;(11)诉讼保全申请;(12)保全裁定及送达回证;(13)保全措施存根;(14)原、被告举证材料;(15)询问、调查取证材料、证人出庭申请;(16)调解笔录及调解材料(庭前调解);(17)准备开庭笔录;(18)开庭通知、传票及出庭通知书、举证通知书、合议庭成员通知书、开庭公告底稿等各类通知书;

(19)开庭审判笔录;(20)判决书、调解书、裁定书正本;(21)宣判笔录;(22)判决书、调解书、裁定书送达回证;(23)上诉案件移送函存根;(24)上级法院退卷函;(25)上级法院判决书、调解书、裁定书正本;(26)证物处理手续;(27)执行手续材料;(28)备考表;(29)证物袋;(30)卷底。

民事简易程序案件装订顺序为:

(1)卷宗封面;(2)卷内目录;(3)审判流程信息管理表(卡片);(4)审理运行时间表;(5)起诉状或口头起诉笔录;(6)立案通知书(诉讼风险提示书、举证通知书)及送达回证;(7)缴纳诉讼费收据或减、缓、免手续;(8)应诉通知书及送达回证;(9)举证通知;(10)地址确认通知书;(11)答辩状及附件;(12)委托代理手续;(13)原、被告举证材料;(14)调查取证材料;(15)调解材料、调解协议书;(16)开庭传票、出庭通知、开庭公告等通知书;(17)庭审笔录;(18)判决、调解、裁定书原件及正本;(19)宣判笔录;(20)判决书、裁定书、调解书送达回证;(21)结案说明。

(三)人民法院调解(民事诉讼)档案卷宗保管期限

根据《人民法院诉讼档案管理办法》的规定,民事诉讼档案的保管期限,应当根据诉讼标的额、当事人身份、案件性质、案件的影响程度和审理程序综合划定,取其中最长的保管期限。调解结案的民事案件档案的保管期限可以适当降低一个等级。诉讼档案的保管期限从案件的判决书、裁定书或者调解书发生法律效力的下一年起算。同一案件因不同审级、不同年代形成的案卷,其保管期限从终审结案的下一年起算。

三、行政调解文书卷宗归档

行政调解文书卷宗档案是行政机关工作档案的重要部分,是行政主体调解活动的真实记录,是行政主体进行调解工作的重要依据和必要条件。

(一)我国行政调解文书卷宗归档的依据

从我国行政调解的立法和实践来看,没有关于行政调解文书卷宗归档的专门规定,只有一些行政规章和规范性文件作出了原则性、概括性规定。例如,《公安机关治安调解工作规范》第15条规定:"经治安调解结案的治安案件应当纳入统计范围,并根据案卷装订要求建立卷宗。现场治安调解结案的治安案件,可以不制作卷宗,但办案部门应当将《现场治安调解协议书》按编号装订存档。"《北京市行政调解办法》第31条规定:"行政机关应当建立行政调解工作档案,将记载调解申请、受理、过程、协议等内容的相关材料立卷归档。"《天津市行政调解规定》第9条规定:"行政调解终止或者达成有效调解协议后,行政机关应当建立调解工作档案,将记载调解申请、登记、受理、过程、协议等内容的相关材料装订成册，立卷归档保存，并定期对行政调解案件量、争议纠纷类型、结案方式等数据进行统计分析，并将统计分析报告报送本级人民政府司法行政部门。乡镇人民政府报上级人民政府司法行政部门。”《江苏省行政调解办法》第34条规定：“行政调解机关应当建立行政调解工作档案，将记载调解申请、受理、过程、协议等内容的相关材料装订成册，立卷归档。”《浙江省行政调解办法》第27条规定：“行政调解机关应当将调解申请登记、调解笔录、行政调解书等立卷归档。”

（二）行政调解文书卷宗归档内容

从各地行政机关的实践来看，行政调解文书卷宗归档内容非常不一致，一般包括：（1）行政调解卷宗；（2）卷宗目录；（3）行政调解申请书；（4）行政调解征求意见书（Ⅰ）；（5）行政调解征求意见书（Ⅱ）；（6）行政调解审批表；（7）行政调解受理通知书；（8）行政调解权利义务告知书；（9）行政调解不予受理通知书；（10）行政调解调查笔录；（11）行政调解通知书；（12）行政调解笔录；（13）终止行政调解决定书；（14）行政调解书；（15）行政调解送达回证，等等。

（三）行政调解文书卷宗归档范例（见附录2）

附录1　人民调解文书卷宗

____________人民调解委员会

调 解 卷 宗

卷　　名：____________________

卷　　号：____________________

人民调解员：______________　调解日期：______________

立　卷　人：______________　立卷日期：______________

保管期限：____________________________

备　　注：____________________________

卷 内 目 录

序号	文件名称	页号	备注
1	人民调解申请书 或人民调解受理登记表		
2	人民调解调查记录		
3	人民调解证据材料		
4	人民调解记录		
5	人民调解协议书 或人民调解口头协议登记表		
6	人民调解回访记录		
7	司法确认有关材料		
8	卷宗情况说明		
9	封底		

人民调解申请书

申请人姓名:__________性别:__________民族:__________年龄:__________

职业或职务:______________________联系方式:__________________________

单位或住址:____

被申请人姓名:________性别:__________民族:__________年龄:__________

职业或职务:__________联系方式:______________________________________

单位或住址:____

纠纷简要情况:____

____

____

当事人申请事项:1. ____

2. ____

3. ____

人民调解委员会已将申请人民调解的相关规定告知我，现自愿申请人民调解委员会进行调解。

申请人（签名盖章或捺指印）__________

________年____月____日

人民调解受理登记表

________年____月____日，人民调解委员会依当事人申请（人民调解委员会主动调解），经当事人同意，调解__________、__________之间的纠纷。

纠纷类型：______________________________

案件来源：①当事人申请；②人民调解委员会主动调解

纠纷简要情况：______________________________

____

____

____

当事人（签名）：____________________

登记人（签名）：____________________

________人民调解委员会

________年____月____日

备注：此表由人民调解委员会填写。

人民调解调查记录

时　间：__________________________

地　点：__________________________

参加人：__________________________

被调查人：______________________________________

记　　录：____________________

____

____

____

调 查 人(签名)：__________

被调查人(签名)：__________

记 录 人(签名)：__________

人民调解记录

时　　间：__________

地　　点：__________

当事人：__________

参加人：__________

人民调解委员会已将人民调解的相关规定告知各方当事人。

调解记录：____________________

____

____

____

____

____

调解结果：

1. 调解成功；2. 调解不成；3. 有待继续调解

当事人(签名盖章或捺指印)：__________

当事人(签名盖章或捺指印)：__________

人 民 调 解 员(签名)：__________

记　　录　　人(签名)：__________

______年____月____日

人民调解协议书

编号:__________

当事人姓名:__________性别:__________民族:__________年龄:__________

职业或职务:____________________联系方式:____________________

单位或住址:____

当事人姓名:__________性别:__________民族:__________年龄:__________

职业或职务:____________________联系方式:____________________

单位或住址:____

纠纷主要事实、争议事项:____

____

____

____

____

经调解,自愿达成如下协议:____

____

____

____

____

履行方式、时限:______________________________

本协议一式____份,当事人、人民调解委员会各持一份。

当事人(签名盖章或捺指印):__________

人民调解员(签名):__________

当事人(签名盖章或捺指印):__________

记录人(签名):__________

(人民调解委员会印章)

________年____月____日

人民调解口头协议登记表

编号：__________

当事人姓名：__________性别：__________民族：__________年龄：__________
职业或职务：______________________联系方式：______________________
单位或住址：____
当事人姓名：__________性别：__________民族：__________年龄：__________
职业或职务：______________________联系方式：______________________
单位或住址：____
纠纷主要事实、争议事项：______________________________________
____
____
____
经调解，自愿达成如下协议：____________________________________
____
____
履行方式、时限：________________________________
人民调解员（签名）：____________________________

（人民调解委员会印章）
________年____月____日

备注：此表由人民调解委员会填写。

人民调解回访记录

当事人：________________________________
调解协议编码：__________________________
回访事由：______________________________

回访时间：________________________________

回访情况：____

____

____

____

____

____

____

____

回访人（签名）：____________________________

________人民调解委员会

________年____月____日

卷宗情况说明

____

____

____

____

____

____

____

____

____

____

____

____

____

立卷人：________

备 考 表

立卷人：

审核人：

立卷日期：　　年　月　日

附录2　行政调解文书卷宗

××行政机关
行政调解卷宗

卷宗类别：＿＿民事纠纷□＿＿＿＿＿＿行政争议□＿＿＿

卷　　名：＿＿＿＿＿＿＿＿＿＿＿＿＿＿＿＿＿＿＿＿＿＿

年　　度：＿＿＿＿＿＿＿＿＿＿　卷　号：＿＿＿＿＿＿＿＿＿

调 解 员：＿＿＿＿＿＿＿＿＿＿＿＿＿＿＿＿＿＿＿＿＿＿

立案日期：＿＿＿＿＿＿＿＿＿＿　结案日期：＿＿＿＿＿＿＿＿

立 卷 人：＿＿＿＿＿＿＿＿＿＿　立卷日期：＿＿＿＿＿＿＿＿

保管期限：＿＿＿＿＿＿＿＿＿＿＿＿＿＿＿＿＿＿＿＿＿＿

备　　注：＿＿＿＿＿＿＿＿＿＿＿＿＿＿＿＿＿＿＿＿＿＿

卷　宗　目　录

序号	材料名称	页号	备注

行政调解申请书

申请人：

自然人姓名：________；性别：________；年龄：________

住　　址：________________________________

联系电话：________________________________

法人或其他组织名称：________________________

法定代表人：________________；职务：________

住　　所：________________________________

联系电话：________________________________

被申请人：

自然人姓名：________；性别：________；年龄：________

住　　址：________________________________

联系电话：________________________________

法人或其他组织名称：________________________

法定代表人：________________；职务：________

住　　所：________________________________

联系电话：________________________________

行政调解请求：______________________________

事实和理由：________________________________

特申请××行政机关予以调解。

申请人（签字）：________

________年____月____日

××行政机关
行政调解征求意见书(Ⅰ)

根据有关规定,本机关拟对你们____一案依法进行调解。如同意调解,本机关将依法进行调解;调解期间双方当事人必须遵守国家有关法律规定,不得采取过激行为,不得加剧纠纷、激化矛盾。如不同意调解,可依法向有权机关提起行政复议、行政诉讼或者仲裁。

当事人意见:____

签名:________;________年____月____日

当事人意见:____

签名:________;________年____月____日

××行政机关(印章)

________年____月____日

备注:1. 本意见书于行政机关当场调解和主动调解时使用。

2. 本意见书一式____份,各当事人一份,本机关一份。

××行政机关
行政调解征求意见书(Ⅱ)

________________:

你(单位)与____

____________________一案,现______________________________向本机关申请调解。如你(单位)同意调解,本机关将依法进行调解;如不同意调解,可依法向有权机关提起行政复议、行政诉讼或者仲裁。

被申请人意见:____

签名:________

________年____月____日

××行政机关(印章)

________年____月____日

备注:1. 本意见书于申请人向行政机关申请调解时使用。

2. 本意见书一式____份,各当事人一份,本机关一份。

××行政机关
行政调解审批表

<table>
<tr><td rowspan="4">申请人</td><td rowspan="2">法人或其他组织</td><td>单位名称</td><td colspan="3"></td><td>法定代表人姓名和职务</td><td></td></tr>
<tr><td>地 址</td><td colspan="3"></td><td>电 话</td><td></td></tr>
<tr><td rowspan="2">自然人</td><td>姓 名</td><td></td><td>性别</td><td></td><td>年 龄</td><td></td></tr>
<tr><td>民 族</td><td></td><td>职业</td><td></td><td>地 址</td><td></td></tr>
<tr><td colspan="3">纠纷类别</td><td colspan="3"></td><td>申请时间</td><td>年 月 日</td></tr>
<tr><td colspan="3">简要情况</td><td colspan="5"></td></tr>
<tr><td colspan="3">请求事项</td><td colspan="5"></td></tr>
<tr><td colspan="3">经办人意见</td><td colspan="5">（签字）：
年 月 日</td></tr>
<tr><td colspan="3">处室负责人意见</td><td colspan="5">（签字）：
年 月 日</td></tr>
<tr><td colspan="3">机关负责人意见</td><td colspan="5">（签字）：
年 月 日</td></tr>
</table>

备注：此审批表用于行政调解受理、不予受理、延期、终结等。

××行政机关
行政调解受理通知书

编号:__________

________________:

____________________与____________________对____一案提出的行政调解申请,已于________年____月____日收悉。经审查,并征求双方当事人同意,本机关决定予以受理。调解期间,双方当事人必须遵守国家有关法律规定,不得采取过激行为,不得加剧纠纷、激化矛盾。

联系人及电话:______________________________

联系地址:__________________________________

××行政机关(印章)

________年____月____日

备注:此通知书一式____份。各当事人一份,本机关一份。

行政调解权利义务告知书

一、当事人享有如下权利：

1. 行政调解自愿选择权；

2. 陈述、申辩和质证权；

3. 委托代理权；

4. 无偿获得行政调解权；

5. 调解员选择权；

6. 申请和案件有利害关系的调解员回避权；

7. 公开或不公开行政调解选择权；

8. 行政调解不能达成协议的，享有依法提起行政复议、行政诉讼或者仲裁等权利。

二、当事人履行如下义务：

1. 遵守调解纪律；

2. 如实陈述、申辩和质证，不得提供虚假材料；

3. 不得加剧纠纷、激化矛盾；

4. 全面履行生效的行政调解协议。

以上各项权利和义务内容，当事人已全部知悉并自愿遵守执行。

当事人：__________

________年____月____日

备注：此告知书随受理通知书一并送交当事人。

××行政机关
行政调解不予受理通知书

编号:__________

__________________:

你(单位)对______________________________一案提出的行政调解申请,已于________年____月____日收悉。经审查,你提出的行政调解申请不符合行政调解受理条件,本机关决定不予受理。

你(单位)可依法向有权机关提起行政复议、行政诉讼或者仲裁。

××行政机关(印章)

________年____月____日

备注:此通知书一式二份。申请人一份,本机关一份。

××行政机关
行政调解调查笔录

第____次调查

共____页第____页

时间：________________________地点：________________________

案由：____

调查人：________________________；________________________

记录人：____

被调查人：（基本情况）____

笔录：____

被调查人（签名）：________

________年____月____日

××行政机关
行政调解通知书

编号:__________

__________________:

你与________________________________因________________________________一案,已于________年____月____日受理。请于________年____月____日____时到________________________________参加调解。

联系人及电话:________________________________

联系地址:________________________________

××行政机关(印章)

________年____月____日

备注:此通知书一式____份。各当事人一份,本机关一份。

××行政机关
行政调解笔录

第____次调解

共____页第____页

时　间:____

地　点:____

案　由:____

申请人(自然人姓名、性别、年龄、职业、单位或住址,法人及社会组织的名称、地址、法定代表人姓名和职务):

委托代理人(姓名、性别、年龄、职业、单位或住址):

被申请人(自然人姓名、性别、年龄、职业、单位或住址,法人及社会组织的名称、地址、法定代表人姓名和职务):

委托代理人(姓名、性别、年龄、职业、单位或住址):

其他参加人:____

调解员:__________与__________关于__________纠纷一案,经当事人申请,并经__________(单位名称)审查,该纠纷涉及事项属本单位行政管理职权范围的事项,可以进行行政调解。

调解员:现对当事人和代理人到场情况进行核对。

申请人:____

委托代理人:____

被申请人:____

委托代理人:____

调解员:现在宣布纪律。当事人、参加人以及旁听人员不得喧哗、吵闹、鼓掌;不准随意走动;不准有实施其他妨碍行政调解活动的行为;行政调解员有权制止任何影响调解进行的行为。

调解员:根据自愿调解原则,双方当事人是否愿意通过行政调解解决双方当事人之间的纠纷?

申请人:____

被申请人：____

调解员：________与________关于________纠纷一案，由______（单位名称）进行行政调解。根据有关规定，在行政调解活动中，各方当事人享有下列权利：(1)行政调解自愿选择权；(2)陈述、申辩和质证权；(3)委托代理权；(4)无偿获得行政调解权；(5)调解员选择权；(6)申请和案件有利害关系的调解员回避权；(7)公开或不公开行政调解选择权；(8)行政调解不能达成协议的，享有依法提起行政复议、行政诉讼或者仲裁等权利。同时，各方当事人应履行下列义务：(1)遵守调解纪律；(2)如实陈述、申辩和质证，不得提供虚假材料；(3)不得加剧纠纷、激化矛盾；(4)全面履行生效的行政调解协议。

调解员：当事人对上述权利、义务是否听清楚？

申请人：____

被申请人：____

调解员：今天的行政调解活动，由行政调解员________、________主持，记录员________担任调解记录。各方当事人对行政调解员和记录员是否申请回避？

申请人：____

被申请人：____

调解员：现在由双方当事人________及其代理人________陈述事实和理由。

调解员：____

调解员：经过本机关调解，双方当事人自愿达成如下协议：

调解员：对以上协议内容，双方当事人有无异议？

申请人：____

被申请人：____

调解员：本机关将根据各方当事人达成的上述协议内容制作行政调解书，当事人应当按照约定履行自己的义务，不得擅自变更或解除协议。（如调解不成，调解员则宣布终结调解）

当事人（签名）：____________________；________年____月____日

当事人（签名）：____________________；________年____月____日

调解员（签名）：____________________；________年____月____日

参加人（签名）：____________________；________年____月____日

记录人（签名）：____________________；________年____月____日

××行政机关
终止行政调解决定书

编号：__________

__________________：

你（单位）与____关于____纠纷一案，本机关于________年____月____日受理。经多次调解，双方当事人未能达成行政调解协议，本机关决定终止调解。

你（单位）可依法向有权机关提起行政复议、行政诉讼或者仲裁。

××行政机关（印章）

________年____月____日

备注：本终结书一式____份。各当事人一份，本机关一份。

××行政机关
行政调解书

编号:__________

当事人基本情况(自然人姓名、性别、年龄、职业、单位或住址,法人及社会组织的名称、地址、法定代表人姓名和职务):

案由:____

纠纷事实:____

经本机关主持调解,双方当事人自愿达成如下协议:

____

____

____

本调解书经各方当事人签字后生效。

当事人(签名):____________________;________年____月____日

当事人(签名):____________________;________年____月____日

调解员(签名):____________________;________年____月____日

××行政机关(印章)

________年____月____日

备注:本调解书一式____份。各当事人一份,本机关一份。

××行政机关
行政调解送达回证

文书名称	
文书编号	
送达人	
送达地点	
签收人	
签收时间	
签收地点	
备注	